ÉLOGE DE BUFFON

PAR

Narcisse MICHAUT

OUVRAGE COURONNÉ PAR L'ACADÉMIE FRANÇAISE

PRÉCÉDÉ D'UNE NOTICE

PAR M. ÉMILE GEBHART

Professeur à la Faculté des lettres de Nancy

PARIS

LIBRAIRIE HACHETTE ET Cie

79, Boulevard Saint-Germain, 79

1878

Tous droits réservés

ÉLOGE DE BUFFON

NANCY, IMPRIMERIE BERGER-LEVRAULT ET Cie.

ÉLOGE

DE BUFFON

PAR

NARCISSE MICHAUT

OUVRAGE COURONNÉ PAR L'ACADÉMIE FRANÇAISE

PRÉCÉDÉ D'UNE NOTICE

PAR M. ÉMILE GEBHART

Professeur à la Faculté des lettres de Nancy

PARIS

LIBRAIRIE HACHETTE ET Cie

79, *Boulevard Saint-Germain*, 79

1878

Tous droits réservés

NARCISSE MICHAUT

Lorsque l'Académie française entreprit de décerner le prix du dernier concours d'Éloquence, dont le sujet était l'éloge de Buffon, deux mémoires parurent se distinguer de tous les autres par des qualités si rares, que l'illustre Compagnie dut prendre une résolution extraordinaire : elle décida que le prix serait, non point partagé, mais attribué également tout entier à chacun des deux ouvrages. L'un d'eux, qui s'était fait particulièrement remarquer par la sûreté des connaissances scientifiques et par la gravité du langage, portait une double devise : Majestati naturæ par ingenium, et : Pendent opera interrupta. La première de ces maximes répondait bien à l'idée noble que l'auteur s'était faite de Buffon ; l'autre pouvait sembler d'abord comme un aveu de ce qui manquait encore au complet achèvement de l'œuvre. En réalité, ce mot de Virgile cachait une révélation douloureuse. Le bulletin fut ouvert, et l'Académie y lut avec émotion cette note : « Narcisse Michaut, docteur ès lettres, mort à Nancy le 11 juin 1877. » Notre pauvre ami, dans son dernier hiver, sur son lit d'agonie, avait écrit au crayon les pages de son livre. Quand les forces manquèrent à sa main défaillante, il s'était arrêté. Après sa mort, sa mère, aidée de M. Emmanuel Briard, recueillit pieusement et recopia elle-même les feuillets épars dont un juge très-délicat, M. Benoit, doyen de la Faculté des lettres, avait compris la valeur. Un ami excellent, dont le dévouement a consolé, au chevet de Narcisse, tant d'heures cruelles, M. Alexandre de Roche du Teilloy, ajouta à la devise que M. Benoit avait choisie déjà, cette mélancolique inscription, j'allais dire cette épitaphe : Pendent opera interrupta, et le mémoire fut envoyé à l'Académie. Ce travail aura été la dernière joie d'un esprit charmant, d'une vigoureuse intelligence : que cette couronne, dont Michaut n'a pu jouir, soit la parure rayonnante de sa tombe.

I

La vie de ce jeune homme, mort à trente et un ans, peut se résumer en quelques lignes. Il était né dans la Meuse, à Robert-Espagne, le 5 mai 1846. Il fit ses études au collége de Saint-Dizier, sous les yeux d'un père excellent, et vint à Nancy pour y suivre les cours de la Faculté de droit. En 1864, il prit le grade de licencié ès lettres et fut nommé professeur au collége de Vitry-le-François. Il n'y demeura qu'un an, demanda un congé, voyagea dans le midi de la France et en Italie, et revint à Nancy, à la fin de 1871, portant le germe de la maladie mortelle contre laquelle il lutta pendant six années. Un mal singulier, implacable, brisa l'un après l'autre tous les ressorts d'une nature robuste, que le travail intellectuel et la fatigue physique n'avaient jamais lassée. Le malheureux subit des crises terribles qui, peu à peu, grâce à la faiblesse croissante du corps, s'adou-

cirent et ne reparurent plus qu'à des intervalles toujours plus éloignés ; mais sa force anéantie ne lui permettait plus de marcher ; sa main impuissante faisait un effort pour tenir la plume ; assis dans une chaise roulante, il cheminait au soleil, ou conversait avec quelque ami à l'ombre des arbres de nos promenades. L'esprit demeurait entier, avec sa piquante originalité, sa verve et sa belle humeur, sa fine raillerie et cette mémoire étonnante qui portait avec grâce le poids d'une lecture immense, et pouvait évoquer tout un chant d'Homère aussi facilement qu'une fable de Lafontaine. La ruine du corps faisait encore mieux paraître la santé florissante de l'âme ; la figure de ce pauvre invalide, ce large front tout éclairé de pensées, ces grands yeux où se rencontraient la bonté et l'ironie aimable, gardèrent jusqu'à la fin une sérénité souriante qui encourageait presque les amis de Michaut à ne point désespérer. La variété de ses connaissances, qu'aucun sujet n'embarrassait, et la gaîté naturelle de son caractère maintenaient près de lui l'attrait d'une conversation très-riche en rapprochements ingénieux, où l'on goûtait parfois la saveur du paradoxe, et d'un tour humoristique dont l'agrément se renouvelait toujours.

Jusqu'à la fin, il professa, et ses élèves ne se séparèrent de lui pour ainsi dire qu'au lit de mort. La conférence Stanislas, où se réunissent à Nancy les jeunes gens qui ne dédaignent point les choses de l'esprit, ne comptait point de confrère plus précieux. Il s'y faisait porter chaque semaine, et savait, à propos de toute lecture, intéresser ou même divertir son auditoire. Il écrivait en même temps ses thèses pour le doctorat ès lettres; il les soutint au mois d'août 1876, devant notre Faculté, avec un talent de parole qu'eût bien accueilli la Sorbonne. Nous espérions alors que l'institution nouvelle des maîtres de conférences nous l'attacherait de plus près. Mais ses dernières forces étaient épuisées. La paralysie gagnait par degré tout le système musculaire. Aucune angoisse ne lui fut épargnée. Cette belle intelligence veilla, sans fléchir, jusqu'à l'heure suprême. Il put mesurer l'approche de la mort et pleurer sur sa propre agonie. Il voulut, avant d'entrer dans ce grand mystère, goûter encore une fois les espérances religieuses de sa première jeunesse. Depuis quelques jours, l'usage de la parole lui était devenu difficile. Enfin le jeu de la poitrine s'arrêta : alors seulement il fut délivré de la vie.

II

Michaut avait écrit, pour la Conférence de littérature dont je parlais plus haut, un grand nombre d'études, et entre autres plusieurs essais à propos de Perrault, de ses contes et de leurs sources légendaires, qui devaient aboutir à un travail considérable sur cet écrivain, l'un des plus originaux de notre xviie siècle. Ce livre était même achevé ; le manuscrit en a été vu par plusieurs personnes. Malheureusement, jusqu'à présent sa famille n'a pu le retrouver. Les pages suivantes, que je détache de ces différentes esquisses, laissent toutefois entrevoir le talent et l'esprit qu'il a dû mettre dans cette œuvre plus approfondie dont nous regrettons la perte.

« Je voudrais démontrer ici que les fées sont le dernier vestige de l'ancienne religion de la Gaule qui s'est conservée après la *domination romaine et l'introduction du christianisme, pendant tout le moyen âge, et jusque dans les temps modernes. C'est une des manifestations du vieux génie celtique dans l'esprit français. Malheureusement, l'histoire des Celtes est aujourd'hui moins avancée et présente un bien moindre degré de certitude que l'histoire des Germains, parce que les documents en sont bien moins précis et bien moins abondants. En effet, tandis que les germanistes ont une base solide pour leurs recherches dans la* Germania *de* Tacite, *les* Scythiques *d'*Hérodote, *l'*Edda *et les autres poëmes scandinaves, nous en sommes réduits, pour l'histoire des Gaulois, à quelques traits généraux des* Commentaires *de* César, *qui, s'il l'eût voulu, eût été plus que personne à même de nous donner de précieux renseignements sur l'état social, moral, intellectuel et religieux des Gaulois, à des vers de* Lucain, *à quelques poëmes latins de la décadence. Je ne parle pas de l'esprit de système qui a longtemps empêché les études celtiques de faire de sérieux progrès.*

« Nous en savons cependant assez sur la religion celtique pour pouvoir affirmer les rapports de parenté qui l'unissent à des superstitions plus récentes. Cette religion était trop fortement enracinée dans l'esprit du peuple pour que l'invasion romaine la fît disparaître. Elle était la vraie religion qui convenait aux mœurs des habitants de la Gaule. C'était en effet une contrée singulière que la Gaule avant que les Romains fussent venus la conquérir et la civiliser. La plus grande partie était couverte d'immenses forêts de chênes, où l'ombre était profonde, et que le vent traversait avec des bruits étranges. Là-bas, vers le couchant, c'était l'Océan sauvage, montant tous les jours à l'assaut du rivage, avec des hurlements rauques et monotones. Là, vivait une race d'hommes au corps robuste et à l'âme vaillante, que des luttes continuelles habituaient au mépris de la mort, à un héroïsme brutal, à une cruauté farouche. Comme eux, leur culte était sévère et impitoyable; leurs dieux sauvages et sombres, et

ces dieux devaient périr à leur tour, comme leurs victimes, au jour
fatal où le monde tombera pour toujours dans la nuit et le néant.
Les seules divinités bienfaisantes étaient l'eau, la terre et le bois,
seuls biens qui n'exigeassent pas un long et pénible travail. Plus
tard, le druidisme s'établit en Gaule. C'était déjà un progrès
sur la religion primitive qui ne rendait de culte qu'aux forces
naturelles elles-mêmes. Le druidisme adorait du moins l'esprit
mystérieux qui anime ces forces. C'était déjà le culte de l'esprit.
Cependant le druidisme ne put détruire entièrement l'ancienne
croyance, il se combina plutôt avec elle. Le culte des forêts et des
eaux continua ; beaucoup d'inscriptions romaines parlent de divinités antiques, comme le Rhin, le Danube, les Vosges, les Ar-
dennes, Sirona, la déesse des sources thermales, adorée plus tard
sous le nom romain et grec de Vénus-Anadyomène. La nature
continue à être pleine d'enchantements et de prodiges ; tout a son
âme et son langage, sa conscience et sa personnalité. Les animaux
sont les frères de l'homme, ses alliés, ses compagnons, ses conseil-
lers et ses guides. Beaucoup savaient des choses qu'il ignore et
possédaient des secrets qu'il n'a pas.

« ... Les îles où les anciennes druidesses avaient tenu leurs col-
léges restaient sacrées aux yeux du peuple, et des idées merveilleuses y étaient toujours attachées. C'est de là qu'est née la tradition de l'île d'Avalon, sorte d'Élysée qu'habitent les bienheureux.
« Les habitants de cette île, dit le roman d'Ogier le Danois, me-
noient une vie très-joyeuſe ſans ſonger à nulle quelconque meſ-
chante choſe. » C'est dans cette île d'Avalon que les fées portent
leurs héros blessés, comme Arthur, Ogier le Danois, Auberon et
Lauval. Son nom d'Avalon semble dériver de inys afalon (île
des pommes). Serait-il trop téméraire de voir là une tradition
analogue à celle du jardin des Hespérides aux pommes d'or, et
peut-être un souvenir lointain du paradis terrestre où il y avait
aussi des pommes pour le malheur du genre humain. La résis-

tance que la religion celtique opposa au christianisme fut longue et acharnée, et bien des légendes en témoignent. Si on en croit les paysans bretons, les korreyans seraient de grandes princesses gauloises qui auraient refusé de se convertir au christianisme lors de l'arrivée des apôtres; les Gallois prétendent que ce sont les âmes des anciens druides qui font pénitence. Beaucoup aussi sont des jeunes filles métamorphosées pour n'avoir point cessé leur danse lors du passage d'une procession. Les fées sont en général les ennemies du christianisme. Leurs amants doutent de leur foi tant qu'elles ne leur ont pas assuré, comme Mélusine à Raymondin, ou Melior à Parthenopex de Blois, qu'elles sont bonnes chrétiennes, et encore ceux-ci n'y croient-ils guère. Elles haïssent les prêtres et font pénitence le samedi, jour consacré à la sainte Vierge qu'elles détestent particulièrement, et cela se comprend. Elles enlèvent des enfants pour les élever dans leur religion. Presque toujours, elles ont conservé leur ancienne beauté, mais elles y joignent un dé-faut, une difformité, je ne sais quoi d'étrange, par exemple Mé-lusine qui, tous les samedis, devenait serpent depuis la tête jus-qu'au bas du corps. On a peur des fées, même après qu'on n'y croit plus. Jusqu'au dix-septième siècle, on célébrait dans l'église de Passy une messe pour préserver les religieuses de leur malice, et le curé de Domremy, le jour de la Saint-Jean, allait chanter la messe près de l'arbre des fées pour prier Dieu de les empêcher de revenir.

« *C'est que tout ce qui* est mort effraye. *Les peuples qui chan-gent ont peur de leur passé, les religions mortes ont leurs spectres et leurs revenants qui viennent épouvanter ceux mêmes qui ont cessé d'y croire. L'imagination est plus que l'esprit fidèle à ses croyances, et la crainte est le dernier hommage que l'on rend aux dieux qui s'en vont. Vainement la religion chrétienne essayait de bannir ces superstitions. Le soir, lorsque les paysans regagnaient leurs chaumières en sortant des belles églises gothi-*

ques pleines de parfums, de lumières et de chants, parfois dans
la nuit ils voyaient se dresser, enveloppée de mystère et de silence,
la figure fantastique de quelque monstrueux dolmen dessinant
sur l'horizon vague sa silhouette menaçante; lentement, sur
ses pieds de granit, ce demeurant d'un autre âge, ce passé en-
dormi, ce souvenir pétrifié semblait se lever et les regarder
de ce regard fixe et glacial qu'ont parfois les ruines. Alors,
dans l'ombre se remuaient des formes bizarres, l'air s'agitait de
bruits et de frôlements étranges, les rayons pâles de la lune, en
perçant les nuages, découpaient çà et là dans la nuit de singulières blancheurs. Tous les rêves prenaient un corps, toutes les
épouvantes se dressaient visibles, et le passant effrayé se hâtait en
détournant la tête et murmurait une prière en faisant le signe de
la croix.

«... Les fées de France sont d'abord des prophétesses, et alors on
les voit errer, sérieuses et graves, sous les noirs ombrages des
vieilles forêts celtiques; elles possèdent toute science et toute richesse;
elles connaissent l'herbe d'or et le trèfle magique, les pierres aux
propriétés merveilleuses, les breuvages qui rendent immortel. Elles
boivent alors dans des coupes d'or et habitent des palais étince-
lants de pierres précieuses. Changeant avec les habitants et les
mœurs de l'ancienne Gaule, elles deviennent des châtelaines, de
belles chasseresses, et mainte fois, le soir, le seigneur revenant de
la chasse les a vues sortir du bois, suivies de leur cour d'esprits
légers et gracieux. Les palais ne les effrayent pas, elles y sont
bien reçues et donnent toutes sortes de bons conseils aux princes
et aux rois. Quelquefois aussi, s'humanisant plus encore, elles
s'éprennent d'amour pour un beau et vaillant chevalier, et alors
elles ressentent toutes les douceurs et les amertumes de la passion.
Elles sacrifient tout à leur amour, même leur pouvoir surna-
turel, même leur immortalité; et, pour vivre dans la solitude
avec celui qu'elles aiment, elles quittent leurs sœurs et leurs

compagnes ; méconnues et abandonnées, elles languissent et meurent bientôt le cœur brisé. Que de bienfaits leur ont dus nos pères, alors que leurs actions, racontées par les trouvères, charmaient les tristes veillées des manoirs, et que leurs poétiques légendes venaient adoucir les mœurs barbares des chevaliers à l'armure de fer et au cœur d'airain, dans l'âme desquels elles portaient quelquefois la joie et la poésie, comme les rayons du soleil qui égayaient, à travers les étroites meurtrières, les noirs et sévères donjons. Ce sont elles, les bonnes fées, qui parlaient de gloire la nuit à l'oreille des jeunes chevaliers. Ce sont elles qui, bien avant que l'archange saint Michel apparût à Jeanne d'Arc, berçaient, dit-on, la noble fille de ces rêves d'héroïsme qui la préparaient à la mission sacrée de sauver la patrie, dernier bienfait qu'elles rendaient à la France, presque au moment où la France allait les oublier.

« Car les fées deviennent vieilles, le temps a mis l'expérience dans leur âme et les rides sur leur front ; elles sont maintenant grand'mères, et c'est leur dernière incarnation dans notre pays.

« Plus de fées à diamants et à saphirs, elles ont disparu avec les temps chevaleresques. A force de se rapprocher de l'homme, elles se sont presque confondues avec lui, et vivent à la même table et sous le même toit. En vieillissant, elles deviennent plus économes, plus respectables, plus judicieuses. Elles aiment maintenant les jeunes filles et les jeunes garçons en raison de leur sagesse et de leur esprit ; elles ne donnent plus à tort et à travers ; leur vieux cœur s'est un peu endurci, elles veulent savoir à qui elles donnent, et cherchent de toute façon à s'assurer des qualités de l'esprit et du cœur de leurs protégés pour voir si elles ont bien placé leurs dons.

« Ce n'est pas en France que les fées ont trouvé les plus dignes historiens : Spencer, en Angleterre, a recueilli les nobles enseignements qu'elles avaient donnés à la chevalerie ; Arioste a raconté

*les espiégleries, les fantaisies, les frivolités de leur vie mondaine;
Shakespeare, enfin, nous a transmis les renseignements que les
fées lui avaient donnés sur leur vie et leurs mœurs ; on trouve
dans ce poëte mille détails curieux sur leur vie intime. Mais
c'est en France que sont nées toutes les légendes que ces poëtes ont
exploitées. Ce sont les trouvères qui les ont semées au dehors, mais
elles sont restées nôtres malgré cet exil, comme l'argent que les
étrangers nous emportent n'en continue pas moins à porter nos
emblèmes nationaux. »*

III

Michaut eut, en 1874, une aventure littéraire
assez piquante qui le chagrina et le divertit en même
temps, à propos d'une petite brochure sur la Lune,
fort joliment imprimée par ces artistes en typogra-
phie fine, les Berger-Levrault[1]. Spirituelle fantaisie
écrite d'une plume légère et très-habile, une plume de
virtuose, qui savait mettre d'accord la bonhomie du
vieux français d'Amyot et la grâce moqueuse de la
langue voltairienne. Narcisse, en effet, jouait du
Candide en improvisateur fort exercé. Écoutez plutôt
ces quelques passages, car il faut bien que je mette le
lecteur au courant de la brochure avant de lui-expli-
quer l'aventure :

« Il y a deux lunes : l'ancienne et la nouvelle.

[1] Paris, Berger-Levrault.

« *L'ancienne, c'est la lune des astronomes, une chose ronde, solide, opaque, raboteuse, pesant je ne sçais combien de livres, et éloignée de nous de je ne sçais combien de lieues ; elle est connue depuis les temps les plus reculés ; inutile d'indiquer tous les documents qui prouvent jusqu'à l'évidence que la connoissance de la lune n'est pas restée étrangère aux anciens, et si cette connoissance se rencontre chez des peuples de différentes races, on ne peut en conclure qu'elle ait passé des uns aux autres. Il est plus probable que chacun a fait la découverte de son côté. Ce qui semble confirmer cette manière de voir, c'est que les premiers navigateurs qui ont visité les archipels océaniens y ont rencontré partout une notion, au moins superficielle, de la lune, sans qu'on pût attribuer cette connoissance à des relations avec les peuples voisins. Livingstone, en maint récit, affirme que les naturels de l'Afrique australe, non-seulement connoissent la lune, mais quelquefois même l'adorent, ce qui vient de ce qu'ils n'entendent point la métaphysique.*

« *Mais il y a une autre lune, la lune morale, la lune psychologique, la lune des philosophes qui trouvent la terre trop petite pour contenir leurs systèmes, la lune des grands politiques méconnus, la*

lune des poëtes et des amoureux, la lune véritable.
Celle-ci n'est guère bien connue que depuis un siècle;
ce qui peut sembler étrange depuis si longtemps qu'il
y a des hommes, et qui rêvent. »

C'est donc de cette lune des rêveurs qu'il veut nous
entretenir. Il recueillera dans les littératures les sen-
timents d'allégresse, d'extase, d'amour ou de mélan-
colie que la lune a évoqués dans l'âme des poëtes. Il
remonte d'abord aux Aryas de l'âge védique. « On
sçait bien, en effet, qu'à moins de connoître un peu
l'histoire de ces temps-là, on ne peut rien comprendre
aux choses d'à présent. » Mais, dans le Rig-Véda,
pas un mot sur la lune. Ces vieux poëtes, occupés
tout le jour à chanter l'aurore, à préparer le soma du
sacrifice, à demander la pluie aux vaches célestes
d'Indra, n'avaient point le temps, la nuit venue, de
regarder la lune. S'ils rêvaient alors, c'était en dor-
mant; d'ailleurs, le rayonnement de cet astre dans le
ciel clair étant signe de beau temps, était plutôt
propre à attrister nos ancêtres que la sécheresse déso-
lait. Chez les Grecs, même indifférence à l'égard de
la lune. Ils aimaient si tendrement le soleil! Seul, le
bon Plutarque en écrivit sérieusement; mais que de
billevesées dans son traité philosophique sur la Figure

qui apparait dans la lune ! *Les Latins pareillement ne se sont guère inspirés*

Tacitæ per amica silentia lunæ.

En réalité, la lune n'est devenue un être poétique que dans les âges modernes. Lamartine en fut l'Homère. Tout du long de Werther, *ce ne sont que clairs de lune. « Après 1807 surtout, presque dépossédés de tout empire sur terre et réduits à régner sur l'air (les Anglois ayant déjà pris l'eau), les Allemands se prirent à regarder la lune et la métaphysique comme leur naturel apanage. » Malheureusement pour celle-là, Musset lui fit une ballade, et ce fut, du moins en France, une éclipse fâcheuse qui dure encore. Les hommes graves qui n'ont en estime que les occupations pratiques de l'esprit et se réjouissent de voir toute une nation mise à l'école du régiment, se félicitent de cette chute de la lune. Michaut compatit à la destinée du pauvre astre abandonné. « A cet homme sérieux je réponds qu'on peut aimer tout ensemble et la lune et sa patrie ; qu'il n'est pas bon que tant d'hommes se mêlent à la fois du sauvetage d'un pays ; que pendant les tempêtes, nombre de passagers ne sçauroient mieux faire que de rester dans leurs cabines, de peur de gêner la manœuvre et que leurs* cris ne troublent les matelots. J'ajoute enfin que celuy-là n'est pas un citoyen inutile qui donne l'exemple d'une vie paisible, d'un esprit calme et d'une innocente rêverie. »

Les dieux jaloux réservaient à cette jolie bluette un épilogue singulier. L'histoire en est contée par Narcisse lui-même dans une seconde publication intitulée : La Lune et M. Sarcey, ou les Dangers de la précipitation [1].

M. Sarcey avait été charmé qu'on eût tant d'esprit en province. « C'est la plus aimable et la plus légère des fantaisies », écrivait-il dans le XIXe Siècle du 20 août 1874. Et, tout en relevant quelques oublis dans les citations de l'auteur, il en citait avec un réel plaisir plusieurs passages, et entre autres les lignes sur les passagers qui restent sagement dans leurs cabines. Deux jours après, c'était une autre note. M. Sarcey avait d'abord jugé l'œuvre par le portrait qu'il s'était fait de l'auteur. « C'est probablement, me disais-je, quelque ancien magistrat, homme d'esprit comme il y en a tant dans nos tribunaux de province, et grand amateur de l'antiquité grecque et latine. Il a pris sa retraite, et au lieu d'occuper ses

[1] Paris, Berger-Levrault.

loisirs à traduire Horace, ou à tourner des vers badins dans le style du dix-huitième siècle, il rêve à la lune, le soir, dans son jardin, à la fraîche, sous quelque beau tilleul qu'il a planté et taillé lui-même.»

C'est pourquoi il lui pardonnait la pensée désenchantée et un peu sceptique de la fin. Ce trait d'amertume et de découragement ne convient-il pas à un vieux magistrat que les misères humaines ont attristé? «J'aurais parié pour le vieux magistrat, ou l'ancien notaire, ou le grand propriétaire. La brochure, je le sais aujourd'hui, est d'un élève de troisième année de l'École normale.....»

C'est pourquoi l'éminent critique changeait d'avis et devenait grondeur. Un élève de l'École rêver à la lune et se désintéresser de la manœuvre sociale! «De quel bois sont donc faits les jeunes gens de notre temps, et qu'ont-ils sous la mamelle gauche?»

Était-il permis à un futur professeur d'oublier tant de textes classiques relatifs à la lune? «Allons! allons! mon cher enfant, vous avez écrit cela au hasard, en baguenaudant, vous amusant à suivre un capricieux feu follet d'imagination.»

Narcisse écrivit quelques mots à M. Sarcey pour lui tout expliquer. Il signait : Michaut, licencié ès lettres et en droit. M. Sarcey conclut qu'il avait affaire à un petit étudiant à peine échappé de rhétorique. Il respira. « Il paraît que ce jeune homme n'appartient pas à notre chère et glorieuse École. » Nouvel article, le 23, sous forme de lettre à M. Deschanel qui prenait en ce temps-là les bains de mer à Beuzeval, contemplait la lune après son dîner, et avait signalé à M. Sarcey les clairs de lune d'Homère, plus une coquille des compositeurs du journal :

Aut videt, aut videre putat per nubila lunam.

M. Sarcey reproduisait donc l'épître de M. Deschanel, racontait comment le voisinage de l'Océan lui avait donné jadis l'amour d'Homère, et insérait en outre le billet de Michaut dont il avait lu et transcrivait trop vite la signature. C'était, cette fois, Michaut, licencié ès lettres, étudiant en droit. Le quiproquo s'embrouillait ainsi d'une façon désespérante. Notre ami d'envoyer une longue justification, bien précise, à M. Sarcey, avec tous les points sur les i, et précédée d'un télégramme : « Erreur préjudiciable continue. Recevrez lundi lettre rectificative à insérer dans premier numéro. » Hélas ! l'imbroglio s'aggrava encore ! Un anonyme, « maître répétiteur, licencié ès lettres », avait, entre temps, réclamé près du spiri-

tuel publiciste pour un clair de lune de Bossuet que Michaut avait cependant mis à sa page 37. M. Sarcey commençait à s'impatienter de toute cette astronomie littéraire. L'avocat de Bossuet fut cause qu'il lut cette fois encore avec précipitation la lettre de Michaut. Celui-ci, parlant de lui-même, avait dit : « L'idée lui vint d'entretenir de la lune une société de quelques amis qui, les samedis soirs, se réunissent pour causer de littérature. » M. Sarcey prit de l'humeur. Le 26 août, il déclara qu'un troisième M. Michaut entrait en scène. « Si tous les Michaut se mettent à m'écrire, nous n'aurons pas fini de sitôt. Qu'ils s'arrangent. Ce dernier Michaut prétend n'être pas étudiant en droit ; il serait âgé, il aurait fait des conférences sur la lune. Je lui donne acte de sa déclaration. Ce qu'il y a de certain, c'est que l'un des deux est un mystificateur. Qui sait s'il n'en viendra pas un quatrième. A dix, nous ferons une croix..... » — « Ainsi, c'en était fait, et voilà à quoi tant d'efforts avaient abouti. Je me voyais définitivement exproprié de moi-même, complétement vidé de ma substance, relégué parmi les pures abstractions et les vains fantômes. Je prenais rang entre les animaux fabuleux, non loin du dragon, de la sala-

mandre ou de la licorne, tout proche de ce geai qui s'était paré des plumes du paon. » Une nouvelle lettre, adressée cette fois au rédacteur en chef du XIXe Siècle, n'aboutit à rien. « Après avoir réfléchi et pris conseil de mes amis, je m'arrêtai à un autre parti, et j'en appelai à ce public, qui seul eut, dit-on, plus d'esprit que Voltaire. »

De là cette seconde brochure sur les Dangers de la précipitation, qui portait cette épigraphe :

Cet animal est si féroce qu'il se défend quand on l'attaque.
(Vieux récit de voyage.)

Cette fois, M. Sarcey fut bien informé. Il comprit clairement le sens de cette phrase douloureuse de la lettre du 23 août : « Il avait d'autant moins d'ambition que le ciel l'avait depuis plus de trois ans affligé d'une maladie fort incommode, se servant si mal de ses mains qu'il est obligé de dicter cette lettre, et de ses jambes pas du tout. » La paix se fait facilement entre gens d'esprit. Je regrette de ne pouvoir donner, pour finir, le billet généreux par lequel M. Sarcey a guéri sans peine la légère blessure dont il avait été la cause involontaire. Le pauvre « passager inutile à la manœuvre » l'a si précieusement serré, que nous ne l'avons plus retrouvé.

IV

*Je n'analyserai point, dans cette notice, la thèse doctorale de Michaut sur l'*Imagination[1]. *La thèse latine, ingénieuse, mais un peu rapide, était consacrée aux* Bibliothèques chez les anciens[2]. *Le premier de ces ouvrages fut débattu assez vivement au sein de la Faculté de Nancy. Il contient en effet plusieurs vues très-personnelles, dont certaines inquiétaient quelques-uns des juges, par exemple, l'abandon*

---

[1] De l'Imagination, *étude psychologique. Paris, Germer-Baillière.*

[2] *Paris, Thorin. Il publia, à la même époque, en collaboration avec M. Paul Dumont (Paris, Hachette), un recueil de versions latines choisies en vue du baccalauréat. Ce recueil, par la variété et le choix intelligent des textes, semble supérieur à l'espèce du candidat* vulgaris. *C'est surtout aux maîtres qu'il peut rendre des services.*

*résolu de la doctrine de l'idéal, entendu au sens plato-
nicien. « Le rôle de l'imagination créatrice dans l'art,
c'est d'ajouter à la nature ces éléments de beauté, d'en
retrancher ces causes de laideur, c'est, en un mot, de
concevoir l'idéal qui n'est que le réel diminué de tout
ce qui peut ôter quelque chose à sa valeur expressive et
enrichi de tout ce qui peut y ajouter.... » La théorie
de Michaut sur l'art était fort libérale, et d'autant
moins aristocratique. « Comme il n'est point d'objet si
vil qui ne puisse reluire dans un rayon de soleil, il
n'en est pas aussi que l'idéal ne puisse embellir et
transfigurer. Les magots même, qui choquaient si fort
le noble goût de Louis XIV, ont une beauté qui vient
du sentiment de calme, de bonheur domestique qu'ils
expriment. C'est une belle chose, Xénophon se plaisait
déjà à le faire remarquer, c'est une belle chose que
des marmites bien rangées et bien luisantes ; c'est une
belle chose que des couvertures pliées avec soin, des
meubles propres et commodes. Tout cela, disait-il en
vrai Grec qu'il était, tout cela semble véritablement
former un chœur. N'est-ce pas aussi une belle chose
que de bons Flamands tranquillement attablés autour
d'un pot de bière, calmes jusqu'au fond de l'âme ? Le
feu qui gronde dans la haute cheminée, les spirales*

de fumée qui, des grandes pipes de porcelaine, s'élè-
vent au plafond noirci, les amples buffets chargés de
vaisselle d'étain, les causeries des vieilles fileuses, le
tic-tac de l'horloge, la chanson des chats endormis,
tout cela ne forme-t-il pas une harmonie paisible, un
chœur, comme disait l'homme d'Athènes ; et n'est-ce
pas encore l'idéal, l'idéal au moins d'une vie dépour-
vue d'idéal? »

Le mérite de Michaut, dans sa recherche sur une
question qui peut paraître vieillie, est d'avoir soumis
cette faculté délicate, ondoyante et diverse de l'esprit, l'imagination, à une méthode rigoureuse d'observation scientifique, méthode que les psychologues
contemporains pratiquent chaque jour plus résolû-
ment, pour le plus grand avantage de leurs travaux. « Je n'ai pas hésité à faire mon profit des
découvertes de la physiologie toutes les fois que cela
m'a semblé utile. Dans un livre traitant des choses
de l'âme, il sera donc assez souvent question de nerfs,
d'hémisphères cérébraux, de tubercules, etc. La chose
aujourd'hui ne surprendra personne, ce qui montre
combien, durant ces derniers temps, les relations des
psychologues avec les physiologistes se sont améliorées.

« Certes, il ne viendrait aujourd'hui à l'esprit

d'aucun physiologiste de déplorer l'intolérance et la tyrannie des philosophes ; tout au plus gémissent-ils de leur aveuglement et de leurs préjugés. Mais il n'en était pas ainsi vers 1830, et pour s'en convaincre, il suffit de relire Broussais..... Maintenant que la physiologie, arrivée à l'âge viril, est devenue moins intolérante en devenant moins hardie, rien n'empêche son ancienne rivale de lui tendre la main. Nulle vérité n'en saurait contredire une autre, et si les savants se querellent souvent, les sciences sont toujours d'accord. Personne ne doit donc avoir peur des vérités dont une science voisine peut s'enrichir ; les erreurs seules ont raison de craindre la lumière qui les fait mourir. Si nul spiritualiste ne sent ses convictions ébranlées par ce fait incontestable que les sensations ont leurs organes dans le corps, d'où vient que l'on éprouverait quelque répugnance à admettre qu'il en est de même pour les autres faits psychologiques ? Les beaux travaux des Flourens, des Magendie, des Müller, des Leuret, des Gratiolet, des Claude Bernard, des Vulpian, des Luys, n'ont rien qui puisse effrayer les philosophes. Bien plus, ceux-ci doivent y applaudir, et la meilleure manière d'y applaudir c'est d'en profiter. Descartes, Malebranche, Bossuet, en ont usé ainsi avec les physiologistes du XVIIe siècle, leur exemple est encore bon à suivre. Par cela seul en effet que la psychologie et la physiologie ont un objet commun, l'homme, elles ont beau le regarder par des côtés différents, elles ne sauraient demeurer complétement étrangères l'une à l'autre; leurs limites ne sont pas si bien tracées qu'il ne soit quelquefois difficile de les reconnaître et souvent utile de les franchir. Il faut bien accorder que l'âme ne réside pas dans le corps comme un pilote dans un navire, mais qu'elle forme avec le corps un tout naturel dont toutes les parties ont entre elles, comme dit Bossuet, une parfaite et nécessaire communication. Comment dès lors ne pas faire de vœux pour que la science du corps et celle de l'âme lient entre elles des relations de bon voisinage, unissent leurs efforts pour des recherches communes, et marchent ensemble à la conquête des vérités qui les intéressent toutes deux; seulement, pour que cette union soit durable et féconde, il ne faut point qu'elle cache une arrière-pensée d'envahissement et de conquête. Les deux alliés doivent demeurer bien persuadés qu'une annexion n'est plus une alliance. Les phénomènes qu'ils étudient sont d'ordre différent, bien que ces phénomènes puissent être les antécédents les uns des autres. Les deux sciences qui s'occupent d'objets si divers ne font donc point double emploi, quoiqu'il soit peut-être vrai de dire qu'elles ne peuvent être bien comprises l'une sans l'autre. On a remarqué mille fois qu'en supposant même démontré que chaque état de conscience est toujours précédé ou accompagné ou suivi d'une modification déterminée dans l'état du système nerveux, le fait de conscience n'en serait pas moins irréductible au phénomène physiologique correspondant. Celui-ci, les yeux aidés de bons instruments peuvent le surprendre ; celui-là, la loupe et le scalpel n'y peuvent rien ; il y faut la conscience.

« L'admiration, je le veux, résulte d'un mouvement vibratoire dans un des lobes du cerveau, l'admiration n'en conserve pas moins sa nature propre, et il n'est perfectionnement du microscope qui puisse faire qu'un sentiment et un mouvement soient la même chose ; cela est aussitôt prouvé que dit. J'ajoute que, dans l'œuvre commune, la part des psychologues restera toujours la plus grande. Car enfin, la science de la pensée a son prix alors même qu'on la sépare de la science de ses conditions organiques ; cette dernière étude, au contraire, n'a d'intérêt qu'autant qu'elle contribue à l'étude de la pensée. Mais les philosophes seraient bien vains s'ils en concevaient de l'orgueil ou les physiologistes du dépit. »

Ces pages me semblent une introduction excellente à l'Éloge de Buffon. Le concours proposé par l'Académie française était bien fait pour tenter un esprit si fort au courant des conditions philosophiques des sciences naturelles, et si capable de reconnaître avec sûreté soit le domaine commun, soit la ligne rigoureuse qui doit séparer les recherches distinctes du philosophe, du physiologiste, du naturaliste. C'est là l'originalité dominante du mémoire de Michaut. S'il présente de Buffon une grande image, c'est qu'il montre constamment avec quelle sûreté et quelle droiture de génie l'auteur de l'Histoire naturelle, échappant aux préjugés philosophiques de son siècle, et s'attachant aux bonnes méthodes, a fait œuvre, non-seulement d'écrivain consommé, mais de véritable savant. Le temps même et les forces lui ont manqué pour mettre également en lumière chacun de ces deux titres de Buffon à l'admiration de la postérité ; s'il a presque tout dit sur le savant et le philosophe, il demeure incomplet pour l'écrivain. Quelques notes au crayon, que le lecteur retrouvera à l'Appendice, indiquent les lignes générales du chapitre absent. Ces notes, très-sommaires, se suivent évidemment dans un ordre qui répond à l'enchaînement des idées. L'œuvre de critique littéraire dont on y voit le dessein premier eût égalé, par la finesse des aperçus, cette belle étude sur le génie scientifique de Buffon. Pendent opera interrupta.

Émile GEBHART.

ÉLOGE DE BUFFON

I

Le domaine des lettres n'a d'autres limites que celles de l'intelligence elle-même. Car celle-ci ne conçoit rien que les lettres ne puissent et ne doivent exprimer. Leur tâche est donc tellement vaste, qu'elle semble infinie si on la compare à notre faiblesse; et l'on peut être assuré que les ouvriers manqueront à l'œuvre, plutôt que l'œuvre aux ouvriers.

Quelquefois pourtant l'esprit humain se prend à douter de l'immensité de sa tâche. L'on dirait qu'il entrevoit le terme au delà duquel il n'y a plus d'effort à tenter, plus de gloire à conquérir. Ce découragement bizarre suit presque toujours les grands siècles. Il semble alors que le génie de l'homme ait dit son dernier mot, et que les générations nouvelles n'aient plus qu'à contempler en silence ces œuvres qui ne laissent ni but ni prétexte à l'émulation.

Que l'on relise la page attristée par laquelle Voltaire termine la revue rapide des auteurs du siècle de Louis XIV. Rien ne saurait mieux peindre les sentiments de l'écrivain venu trop tard, après que tous les beaux vers sont faits, que tous les beaux lieux communs de morale et de philosophie ont trouvé leur expression achevée, que tous les caractères sont tracés de main de maître, et qu'il ne reste plus à l'homme de goût, trop jeune d'un siècle, d'autre attitude qu'une admiration résignée, qu'une oisiveté respectueuse devant ces ouvrages dont la perfection l'enchante et le désespère.

Beaucoup de bons esprits se contentent de ce rôle modeste, et, laissant à de médiocres génies le soin de redire ce que d'autres ont bien dit, ils se condamnent à un repos où la paresse trouve son compte aussi bien que le goût.

Cependant le monde ne finit point, et l'activité

intellectuelle ne s'arrête jamais longtemps. Des
hommes plus aventureux ou plus sages osent espérer une gloire nouvelle, non point en allant plus
loin que leurs devanciers, mais en marchant d'un
autre côté. Ils aperçoivent bien vite, dans l'immense domaine des lettres, des régions inexplorées
que les grands écrivains n'ont pas su reconnaître
ou bien ont dédaigné de cultiver; ils y courent
aussitôt, en ôtent les épines, retournent ce sol
ingrat, et lui arrachent enfin de belles moissons.

C'est par cette audace heureuse que les écrivains
du XVIIIᵉ siècle soutinrent et accrurent encore la
gloire des lettres françaises. Ce siècle fut faible et
stérile toutes les fois qu'il prétendit rivaliser avec
les œuvres de l'âge précédent; il retrouva la force
et l'originalité, lorsqu'avec Montesquieu il appliqua
l'esprit philosophique aux lois des sociétés humaines; il fut aimable, quand Voltaire, se détournant de la tragédie et de l'épopée, employa tout
son esprit et toute sa grâce dans le conte et dans la
poésie légère; il fut grand, lorsque Buffon retrouva
pour décrire, j'allais dire pour chanter la nature,
la majesté et l'éloquence dont Pascal ou Bossuet
avaient revêtu les vérités morales.

Dans le déclin des doctrines philosophiques et des croyances religieuses, les lettres durent encore de beaux jours à l'étude attentive et passionnée de cette nature, que les vicissitudes humaines n'atteignent pas, que le doute effleure à peine, et qui, après tant de siècles, reluit encore de sa première beauté.

En la contemplant, les âmes désenchantées, lasses du doute et rebelles à la vérité, retrouvèrent ces hautes pensées qui inspirent la science, cette naïveté, cette fraîcheur d'impressions qui sont un des charmes de la poésie, et quelque chose aussi de cette émotion religieuse dont le scepticisme ne nous défend pas toujours.

II

Ce ne fut que dans la seconde moitié du XVIIIe siècle que cet amour de la nature vint rajeunir les
âmes et susciter une poésie nouvelle; mais longtemps avant cette époque on pouvait le pressentir
en suivant le mouvement qui portait les esprits de
ce côté.

Dès les premières années du siècle, la curiosité et
la faveur publique, se détournant de la métaphysique
et des sciences exactes, s'attachaient aux sciences
de la nature et prodiguaient la gloire et les récompenses aux savants qui les cultivaient.

Fontenelle, un des premiers, trouvait l'art difficile de mettre les connaissances les plus hautes à
la portée du public curieux et frivole, et cela sans
les rabaisser; sa plume fine et légère savait donner

aux conceptions les plus abstraites de l'astronomie
l'attrait facile d'un roman et quelquefois la grâce
piquante d'un madrigal. Il eut le rare mérite d'user
de son esprit pour orner la science sans la surchar-
ger, et d'exposer les lois du système du monde
avec une légèreté et une aisance qui, loin d'en
affaiblir la majesté, semblent l'augmenter encore par
le contraste. Sa belle et heureuse netteté faisait
resplendir la science aux yeux les moins pénétrants
et donnait au lecteur surpris et charmé le plaisir de
comprendre sans effort ces vérités qui semblaient
jusqu'alors réservées à l'étude patiente et à une
longue méditation des savants.

Malheureusement, le désir de plaire et d'insinuer
la science dans les esprits les plus rebelles entraine
souvent Fontenelle à une affectation d'enjouement
qui lasse les gens de goût et impatiente les esprits
sérieux. Il recherche à tout prix le singulier, le
merveilleux; il veut surprendre plus encore qu'instruire, et parfois l'on voudrait que le secrétaire
perpétuel de l'Académie des sciences eût renoncé
plus complétement au bel esprit et aux airs guindés
de Cydias.

Cette démarche prudente et oblique, cet art

discret et réservé amusaient les esprits d'élite, mais restaient sans action sur le vulgaire. Fontenelle n'avait pas cette chaleur qui se communique et attire les âmes indifférentes en les pénétrant peu à peu.

De plus, les sciences exactes et l'astronomie sont des sciences dédaigneuses, et, si j'ose dire, aristocratiques; elles réservent leurs plus importants résultats à l'étude forte et patiente, ou, si elles les laissent arriver jusqu'au vulgaire, elles lui dissimulent du moins la marche savante, les détours longs et compliqués qui les y ont conduites; elles exigent de lui un acte de foi, au lieu de faire appel à son intelligence, et excitent sa curiosité plus encore qu'elles ne la satisfont.

Il n'appartient qu'aux sciences naturelles d'être tout d'abord au niveau de l'intelligence publique. Elles ne demandent ni attention soutenue, ni abstraction pénible. Elles ne sont ni exigeantes ni exclusives; on peut les quitter et les reprendre à loisir; elles ne présentent point cet enchainement rigoureux qui empêche de comprendre un théorème si l'on a oublié le précédent. Souriantes et faciles, elles se laissent aborder par le côté qui plait le mieux : enfin, sauf certains cas, elles ont ce privilége qu'elles n'exigent que rarement l'emploi d'une langue spéciale, et qu'elles usent d'ordinaire de ce commun langage que tout le monde parle et entend.

Il n'est donc point étonnant qu'elles aient fini par attirer la plus grande part de l'attention publique. La faveur marquée avec laquelle on accueillit les ingénieuses observations de Réaumur montre bien le vif attrait que la France éprouvait déjà au milieu du XVIIIᵉ siècle pour ces sortes d'études. Je doute pourtant qu'elles eussent jamais par leur seul intérêt scientifique mérité l'enthousiasme qu'elles excitèrent un peu plus tard, si le génie d'un grand écrivain n'était venu leur donner la parure de beauté littéraire qui devait les faire si bien accueillir d'un peuple épris avant tout d'art et de beau langage.

III

Si l'on cherchait à déterminer d'avance de quelles qualités devait être doué ce peintre de la nature pour être digne de sa noble tâche, on exigerait de lui la patience qui accumule seulement les observations et l'imagination puissante qui les dépasse et crée les hypothèses destinées à les expliquer, l'esprit d'analyse sans lequel les plus belles synthèses ne sont que d'ambitieuses chimères, et l'esprit de synthèse sans lequel les analyses n'aboutissent qu'à une érudition aride et minutieuse. On lui demanderait une richesse, une force de style qui ne trahît jamais la majesté de son modèle, et un goût qui l'empêchât d'en exagérer les traits. On voudrait, de plus, qu'il fût soutenu par un puissant amour de la gloire, non de cette

renommée passagère qui se perd aussi vite qu'elle
s'obtient, mais de cette gloire durable que le temps
épargne parce qu'elle est son ouvrage ; on aimerait, enfin, qu'il eût *l'âme d'un sage dans le corps
d'un athlète,* afin que ni les passions ni les ma-
ladies ne vinssent arrêter sa marche ou la ralen-
tir, et en formant à loisir cet écrivain idéal, on
aurait, sans y prendre garde, tracé le portrait un
peu flatté, peut-être, mais fidèle dans ses traits
principaux, du grand homme dont je veux écrire
l'éloge.

Dieu, en effet, avait prodigué à Buffon tous les
dons éminents qui semblaient le prédestiner à écrire
l'histoire de la nature. Il lui avait par surcroit donné
tous les défauts qui devaient assurer le bon usage
et l'emploi utile de ses rares qualités. Car enfin ne
devons-nous pas nous louer de cette lenteur d'esprit, ou, pour parler comme ses ennemis, de cette
lourdeur qui, en l'empêchant de dépenser son
génie en esprit et en l'écartant des salons où son
orgueil se trouvait mal à l'aise, le retint dans la
retraite si nécessaire à l'achèvement d'un grand
ouvrage ?

Il n'est pas jusqu'à cet orgueil dont il ne faille
remercier le ciel. Il l'éleva en effet au·dessus des
envieux et des critiques à une hauteur telle, que,
dans l'éloignement où il les voyait, il ne pensait
pas avoir rien à craindre de leurs attaques et dédaignait d'y répondre, réservant ainsi à l'art d'é-
crire et à la science un temps que d'autres dépensaient en vaines querelles.

Buffon semble si bien fait pour l'œuvre qu'il
devait accomplir, que l'on a peine à croire qu'il ne
s'y soit pas tout d'abord senti porté par un attrait
irrésistible. Cependant il hésita longtemps, et ce
furent les circonstances qui décidèrent sa vocation
plus qu'une inclination première, comme celle qui
marque d'ordinaire aux grands hommes la route
qui doit les conduire à la gloire. On conte que
Linné, dans son berceau, souriait à la vue d'une
fleur, et qu'il suffisait de lui en mettre une entre
les mains pour apaiser aussitôt ses cris. L'enfance
de Buffon ne prête point à cette gracieuse légende,
et sa jeunesse est celle d'un homme qui aime la
science parce qu'elle doit le rendre illustre, mais
qui les cultive toutes sans prédilection marquée
pour aucune. On ne remarquait pas même en lui

cette activité inquiète, ces tourments du génie qui se fatigue à chercher sa voie. Il attendait son heure sans impatience, sûr de sa force et confiant dans l'avenir.

IV

Après des études plus solides que brillantes au collége de Dijon [1], il acheva son éducation par des voyages suivant l'usage anglais qui commençait à s'introduire en France. Il visita l'Italie avec le jeune duc de Kingston, que le hasard lui avait fait connaître, et dont le gouverneur, homme d'esprit et

[1] Il était né à Montbard, le 7 septembre 1707, de Benjamin Leclerc, conseiller au parlement de Bourgogne, et de Mlle de Marlin, femme de beaucoup d'esprit, s'il faut en croire Buffon lui-même. « Buffon avait ce principe qu'en général les enfants tenaient de leur mère leurs qualités intellectuelles et morales, et lorsqu'il l'avait développé dans la conversation, il en faisait sur-le-champ l'application à lui-même, en faisant un éloge pompeux de sa mère, qui avait en effet beaucoup d'esprit, des connaissances étendues, une tête très-bien organisée et dont il aimait à parler souvent. » (HÉRAULT DE SÉCHELLES, *Voyage à Montbard*, p. 24.)

de mérite, lui inspira peut-être son amour pour les sciences. Il ne semble point qu'il ait été fort touché des antiques souvenirs ou des merveilles artistiques de l'Italie : son instinct de naturaliste l'attirait de préférence vers les curiosités naturelles, et il recueillait dès lors des observations ou concevait des idées dont il devait plus tard trouver l'emploi. Après son voyage d'Italie, il demeura quelques mois en Angleterre[1], apprenant l'anglais, qui était devenu comme la langue classique de la science et de la philosophie. La traduction de la *Statique des végétaux*, de Hales, et du *Traité des fluxions*, de Newton, le perfectionna dans cette étude tout en commençant sa renommée scientifique.

Les deux belles préfaces qu'il mit à ces deux ouvrages nous le montrent, sinon grand écrivain, du moins esprit ferme et judicieux, maître de son sujet et sachant l'exposer avec cette justesse et cette clarté qui annoncent une intelligence supérieure. Dans la préface du *Traité des fluxions*, il raconte, avec toute la finesse et tout l'esprit que comporte une pareille matière, les querelles qui s'étaient

---

[1] Ce fut avant ce voyage qu'il se prit de querelle avec un jeune Anglais qu'il blessa en duel d'un coup d'épée.

élevées à propos du calcul de l'Infini. Au commencement de l'autre ouvrage, il parle en homme convaincu de l'expérience, et s'élève contre les systèmes et les hypothèses en termes qui étonnent quand on songe combien son âge mûr devait oublier cette sévérité de méthode et cette logique prudente de sa jeunesse. « Comment, dit-il, ose-t-on se flatter de dévoiler ces mystères sans autre guide que son imagination ?... C'est par des expériences fines, serrées et suivies, que l'on force la nature à découvrir son secret ;... toutes les autres méthodes n'ont jamais réussi, et les vrais physiciens ne peuvent s'empêcher de regarder les anciens systèmes comme d'anciennes rêveries, et sont réduits à lire la plupart des nouveaux comme on lit les romans. Les recueils d'expériences et d'observations sont donc les seuls livres qui puissent augmenter nos connaissances. »

Chose curieuse, la confiance de Buffon en ses forces, l'audace de ses vues, la grandeur des hypothèses allèrent croissant avec l'âge, et, au lieu que chez les autres savants les sévérités de l'expérience rabattent peu à peu le premier élan de la jeunesse et les font cheminer à pas lents dans cette carrière de la science qu'ils avaient espéré parcourir tout entière, Buffon marchait de jour en jour dans son œuvre même d'un pas plus audacieux et plus rapide. Son style s'enhardit et s'éleva en même temps que sa pensée ; simple, sévère et sans éclat dans ses premiers écrits, il s'enrichit peu à peu, prit du nombre et de la force, et dans sa maturité revêtit enfin cette pompe et ces riches couleurs que nous admirons. On pourrait comparer le génie de Buffon à ces plantes dont la couleur unie et modeste n'attire point les regards au printemps, mais qui, mûries par les longs jours de l'été, éblouissent les yeux en automne de l'éclat et de la variété de leur feuillage.

Buffon continua dans plusieurs mémoires cet essai de ses forces et de sa réputation [1].

Il s'était fort occupé de la question des bois dans l'intérêt de ses forêts de Bourgogne ; et avec

---

[1] Expériences sur la force du bois ; moyen facile d'augmenter la solidité, la force et la durée du bois [a] ; recherches sur la cause de l'excentricité des couches ligneuses [b].

[a] Il proposait, pour donner une consistance ligneuse à l'aubier, d'écorcer les arbres sur pied au moment de la séve, et de les laisser ensuite sécher et mourir.

[b] Il fit ce dernier mémoire en collaboration avec Duhamel. (Voir Vicq d'Azir, *Éloge de Duhamel*.)

cette sagesse et cet esprit de conduite, qui sont un des principaux caractères de son esprit, il était bien aise de faire contribuer à sa renommée des recherches qu'il avait entreprises pour accroître son bien-être avec ses revenus [1].

Les célèbres expériences de Buffon sur les miroirs ardents d'Archimède jetèrent aussi un vif éclat sur son nom. Il enflamma des planches à deux cents pieds de distance ; entreprise facile, mais qui ne laissa pas de piquer la curiosité du vulgaire, qui juge de la valeur des expériences par leur éclat plus que par leur utilité scientifique. Vicq d'Azir remarque fort judicieusement que l'on retrouve dans les expériences de Buffon cet amour du grand qui le distingue. « Pour estimer « la force et la durée des bois, il a soumis des « forêts entières à ses recherches ; pour obtenir « des résultats nouveaux sur les progrès de la cha- « leur, il a placé d'énormes globes de métal dans

[1] Voici les titres de quelques-uns de ses autres mémoires qui feront apprécier l'étendue et la variété de ses études : *Observations sur les couleurs accidentelles ; Invention des miroirs pour brûler à de grandes distances ; Dissertation sur la cause du strabisme et des yeux louches ; Réflexions sur la loi d'attraction.*

« des fourneaux immenses. » (VICQ D'AZIR, *Éloge de Buffon.*)

Des travaux. si nombreux et si variés le désignaient tout naturellement au choix de l'Académie des sciences; il y entra le 18 mars 1739, âgé de trente-trois ans.

V

On aimerait à croire que la jeunesse de Buffon
fut aussi pure et austère qu'elle était laborieuse et
appliquée ; on sait trop qu'il n'en fut rien et qu'il
porta la même ardeur dans le plaisir que dans le
travail. Une constitution robuste, des passions
violentes, l'effervescence de l'âge le portèrent à des
excès qu'il ne prit jamais la peine de dissimuler.

Cependant cette vie fougueuse et dissipée ne
descendait pas dans les profondeurs de cette âme
tranquille ; l'orage des passions en soulevait seulement la surface. Elle savait trouver en elle-même
un asile et comme un sanctuaire où le tumulte
des sens ne pénétrait pas [1]. Méthodique jusqu'en

[1] On s'explique qu'il ait écrit sur l'amour cette phrase
étrange : « Le physique seul en est bon, et malgré ce que

ses égarements, Buffon avait invariablement fixé la part de sa vie qu'il jetait en proie au plaisir, comme la rançon, du reste, de ces heures de recueillement et de sagesse qu'il ne se laissa jamais dérober. Les matinées laborieuses succédaient aux nuits troublées, quand la voix inexorable du fidèle Joseph venait arracher au sommeil cet homme que l'amour de la gloire semblait affranchir de l'esclavage du plaisir [1].

Ainsi se formait au milieu des troubles de la jeunesse, ainsi s'exerçait par un long et patient effort ce génie laborieux et calme, dont chaque jour accroissait les forces, et qui n'attendait plus qu'une occasion qui lui donnât issue, une matière qui lui permît de se déployer tout entier.

Un hasard heureux, disons mieux, un dessein de Dieu qui ne permet pas que ses dons deviennent inutiles, vint offrir à Buffon cette occasion qu'il cherchait : Dufay, intendant du Jardin du Roi, le

« peuvent en dire les gens bien épris, le moral n'en vaut « rien. »

[1] Joseph était souvent contraint de le tirer par les pieds sur le carreau s'il tardait à obéir ; il avait ordre de ne se jamais laisser désarmer ni par la colère, ni par les menaces, ni par les prières.

désigna au choix du ministre, de M. de Maurepas, comme l'homme le plus propre à continuer son œuvre.

Fondé en 1626 par un édit de Louis XIII, dans un terrain stérile de vingt-quatre arpents à l'extrémité du faubourg Saint-Victor [1], le Jardin du Roi s'accrut bientôt, grâce aux libéralités de Gaston d'Orléans, grand amateur de plantes rares, et plus encore par les soins de Fagon, premier médecin du roi Louis XIV, qui usa, pour enrichir cet utile établissement, de sa fortune et de son crédit. Ce fut Fagon qui fit envoyer Tournefort en Grèce, en Asie et en Égypte, pour chercher des plantes et compléter les collections. Quand les revers du règne firent retrancher les fonds destinés à l'entretien du Jardin, il y suppléa par ses propres ressources « et ce petit coin de terre ignora presque, sous sa « protection, les malheurs du reste de la France [2]. »

La surintendance du Jardin du Roi resta attachée,

[1] Il faut remarquer que, dès 1598, Henri IV avait fait planter un jardin de botanique à Montpellier, et que ce fut l'évidente utilité de ce premier établissement qui engagea de La Brosse à obtenir du roi un jardin semblable pour Paris.

[2] FONTENELLE, *Éloge de Fagon.*

jusqu’en 1732, à la place de premier médecin ; et comme « tout ce qui dépend d’un seul homme « dépend aussi de ses goûts et a ainsi une destinée « fort changeante, un premier médecin, peu touché « de la botanique, avait négligé ce jardin, et heu- « reusement l’avait assez négligé pour le laisser « tomber dans un état où l’on ne pouvait plus le « souffrir[1]. »

En 1732 on déchargea le premier médecin de la surintendance du Jardin, et on confia cette charge à Dufay, de l’Académie des sciences. Celui-ci, aidé des conseils de Jussieu, augmenta le nombre des plantes de plus de sept mille espèces, et construisit de nouvelles serres, grâce aux libéralités qu’il avait l’art d’arracher aux ministres.

Sentant que la mort allait le ravir à une œuvre à peine commencée, il pensa que la grande consi- dération dont Buffon était déjà entouré, son crédit auprès des grands et son talent d’écrivain attire- raient des richesses nouvelles au Jardin du Roi et aideraient à combler les lacunes qui affligeaient en- core ses regards.

[1] FONTENELLE, *Éloge de Fagon*.

VI

Quand Buffon fut appelé, en 1739, à la surintendance du Jardin du Roi, il avait beaucoup à apprendre pour s'acquitter de sa tâche d'une manière
qui fût digne de lui. Il ignorait l'anatomie, il
avait oublié la botanique. « Je l'ai apprise trois fois,
« disait-il plus tard à Mme Necker, et je l'ai oubliée
« de même ; si j'avais eu de bons yeux, tous les
« pas que j'aurais faits m'auraient retracé mes
« connaissances en ce genre. » Le vrai est que son
talent avait besoin de grands objets qui se prê-
tassent aux vues philosophiques, aux réflexions
morales, aux peintures éloquentes, et que son
esprit n'était point fait pour ces mille observations
de détail qui sont sinon le but, du moins le point
de départ de l'histoire naturelle. Il fait lui-même
(au commencement du tome XII de son ouvrage)

l'aveu ingénu de cet attrait impérieux qui le porte vers les grandes vues et les discours généraux, où il peut se donner carrière, planer les ailes toutes grandes déployées, se reposer et se consoler ainsi de l'ennui des observations minutieuses. « Car, « dit-il, j'avoue qu'il faut du courage pour s'oc-« cuper continuellement de petits objets dont « l'examen exige la plus froide patience et ne per-« met rien au génie. » Buffon avait de plus contre toute la classification scientifique des préventions qui ne pouvaient convenir à l'administrateur chargé d'entretenir, d'accroitre et de classer des collec-tions immenses. Mais s'il avait des préjugés, il n'avait point de parti pris ; car le principal caractère de ce grand esprit était une docilité singulière à se plier aux exigences, même les plus pénibles, de l'œuvre qu'il voulait achever.

Cette œuvre, il la conçut d'abord dans toute son étendue et sans hésitation ni regret ; il décida que sa vie entière serait consacrée à l'accomplir. S'il est vrai qu'une belle vie est une pensée de la jeu-nesse réalisée par l'âge mûr, nulle vie d'écrivain ne peut être comparée à celle dont nous retraçons l'histoire. Nulle autre ne présente une pareille continuité de travaux poursuivis sans hâte, sans distraction, sans lassitude, jusqu'au terme d'une vigoureuse vieillesse.

Le plan de ses travaux était aussi vaste que la nature, et le courage d'esprit nécessaire pour n'être point troublé de son immensité semble n'être plus de notre âge. Il faudrait, pour retrouver quelque chose d'analogue, remonter jusqu'aux temps des premiers philosophes grecs donnant pour titre à leurs poëmes : Περὶ Φύσεως (*De la Nature*). L'on s'étonne qu'un homme du XVIIIᵉ siècle ait retrouvé la même audace que ces savants ou plutôt ces poëtes, dont nulle déception n'était encore venue troubler la naïve confiance, et qu'un contemporain de Fontenelle et de Voltaire se soit montré l'émule des Parménide et des Empédocle.

Buffon avait trop de bon sens, cependant, pour ne point comprendre qu'une pareille tâche dépassait les forces d'un seul homme, quel que fût son génie ; et la bonne opinion qu'il avait de lui-même ne l'aveuglait point sur la disproportion de l'ouvrage et de l'ouvrier. Pourtant il ne voulut pas consentir à restreindre son ambition, mais il chercha d'habiles travailleurs qui cultivèrent pour lui les parcelles les plus ingrates de son immense domaine, humbles et utiles auxiliaires, heureux d'être éclairés d'un reflet de sa gloire sans prétendre jamais la partager avec lui.

L'exact et laborieux Daubenton fut le premier de ces auxiliaires. Il suivait Buffon pas à pas, faisant l'étude anatomique des animaux à mesure que Buffon les décrivait. Il étudia ainsi cent quatre-vingt-deux espèces, dont plusieurs n'avaient jamais été décrites ou même observées par des naturalistes. Il sut rendre toutes ces études comparables entre elles, en prenant soin que chaque partie de chacune, chaque vertèbre, chaque os des membres, se retrouvât dans toutes les autres, et qu'elle portât partout le même nom [1]. Daubenton était le plus minutieux et le moins généralisateur des anatomistes. Camper disait de lui, avec beaucoup d'esprit, qu'il ne savait pas de combien de découvertes

[1] « Si vous lisez la description du pied du cheval dans un anatomiste vétérinaire, vous y trouvez les mots d'os du carron, d'os du paturon, d'os de la couronne, d'os du petit pied, et vous vous croyez dans un pays perdu. Point du tout, ces mots désignent tout simplement ce qu'on appelle en anatomie humaine les os du métatarse et les trois phalanges. » (FLOURENS, *Histoire des manuscrits de Buffon*, page 185.)

il était l'auteur. « Après quinze années d'observa-
« tions exactes, durant lesquelles il avait vu passer
« sous ses yeux près de deux cents quadrupèdes,
« qui tous avaient sept vertèbres au cou, il osa poser
« cette règle : les vertèbres cervicales sont toujours
« au nombre de sept dans les quadrupèdes [1]. »

Buffon rendait une exacte justice à son sage collaborateur, en disant qu'il n'avait jamais ni plus ni
moins d'esprit que n'en exigeait le sujet de sa
pensée [2].

[1] « Mais à peine avait-il posé la règle, qu'une exception
s'offrit ; l'aï lui parut avoir neuf vertèbres cervicales, je dis
parut, car en réalité il n'en a que sept. John Bell a reconnu
que les deux vertèbres de trop comptées à tort dans l'aï
comme cervicales ne sont que deux vertèbres dorsales dont
les appendices costaux très-réduits restent quelquefois per-
dus dans les chairs. On regrette que Daubenton soit mort
avant d'avoir été rassuré sur sa généralisation. » (FLOURENS,
Histoire des manuscrits de Buffon, page 186.)

[2] On sait que l'union de Daubenton avec Buffon fut rom-
pue parce que celui-ci publia une édition de l'histoire naturelle dont il avait retranché la partie anatomique, œuvre de
Daubenton. Il ne collabora point à l'histoire des oiseaux.
« Aussi, quelque bien écrite qu'elle soit, remarque M. Flourens, n'a-t-elle jamais pris dans la science le rang qui y
occupe et ne cessera d'y occuper l'histoire des quadrupèdes.
C'est que, en effet, elle ne donne que la superficie de l'être
et n'en donne pas la structure. »

VII

Ce n'était pas assez de doubler ses forces par
l'alliance de Daubenton, Buffon comprit qu'il fallait aussi doubler le temps qu'il consacrait à ce
travail, et pour cela rompre avec ses habitudes de
dissipation. Il comprit que la science est une maî-
tresse sévère et impérieuse qui s'éloigne bientôt
d'une âme qu'elle ne possède pas tout entière. Il
dénoua donc peu à peu les liens qui l'unissaient à
ses compagnons de plaisir, et s'il ne se résigna pas
à une vie dure et austère, il renonça du moins aux
passions tumultueuses qui agitent l'âme jusqu'en
ses profondeurs.

Il s'éloigna même des salons, où tant d'autres
de ses contemporains dépensaient tous les jours en
mots spirituels et en pensées ingénieuses le talent

dont ils eussent pu acheter une gloire plus haute et plus durable. Plusieurs attribuèrent ce grand amour de la retraite aux blessures que l'amour-propre irritable de Buffon recevait souvent de ses émules et quelquefois de ses amis. « Environné « chez lui, dit Marmontel, de complaisants et de « flatteurs, et accoutumé à une déférence obsé-« quieuse pour ses idées systématiques, il était « quelquefois désagréablement surpris de trouver « parmi nous moins de révérence et de docilité. « Je le voyais s'en aller mécontent des contrariétés « qu'il avait essuyées. Avec un mérite incontesta-« ble, il avait un orgueil et une présomption égale « au moins à son mérite. Gâté par l'adulation, et « placé par la multitude dans la classe de nos grands « hommes, il avait le chagrin de voir que les ma-« thématiciens, les chimistes, les astronomes ne « lui accordaient qu'un rang très-inférieur parmi « eux ; que les naturalistes eux-mêmes étaient peu « disposés à le mettre à leur tête, et que parmi les « gens de lettres il n'obtenait que le mince éloge « d'écrivain élégant et de grand coloriste [1]. » Quel-ques-uns même lui reprochaient d'avoir fastueu-

---

[1] Était-ce donc si peu ?

sement écrit dans un genre qui ne voulait qu'un style simple et naturel...

« Buffon, mal à son aise avec ses pairs, s'enferma donc chez lui avec ses commensaux ignorants et serviles, n'allant plus ni à l'une ni à l'autre Académie, ménageant à part sa fortune chez les ministres et sa réputation dans les cours étrangères, d'où, en échange de ses ouvrages, il recevait de beaux présents [1]. »

Il n'est guère permis de douter que ces motifs n'aient été pour quelque chose dans la résolution que Buffon prit, avec tant de courage, de vivre loin du monde. Il en coûte de faire cet aveu, mais il faut se souvenir que l'éloge d'un grand homme n'est point une apologie de ses faiblesses. Le peintre doit avoir une assez bonne opinion de son modèle pour ne point se croire obligé de le flatter. Est-ce bien à nous d'ailleurs, qui jouissons des fruits de cette laborieuse retraite, d'en relever malignement les causes ? Et ne vaut-il pas mieux nous féliciter qu'à de si rares qualités Buffon ait joint encore les défauts auxquels peut-être nous devons plus d'un bel ouvrage ?

[1] MARMONTEL, *Mémoires*, livre VII.

Du reste, le goût de la paix et du travail, l'amour de la science et de la gloire partagent avec l'orgueil l'honneur de cette décision courageuse où peut-être ils ont eu la plus grande part. Ceux qui veulent expliquer la retraite de Buffon par l'ennui qu'il éprouvait de se voir tous les jours éclipsé dans les salons par les gens de moins de génie et de plus d'esprit, oublient que Montesquieu prit une résolution pareille quand il entreprit d'écrire l'*Esprit des lois ;* et pourtant Montesquieu apportait dans le commerce du monde cet esprit vif et prompt, ces grâces légères que Buffon ne connaissait pas. Mais il savait que les grands ouvrages s'achèvent dans le recueillement et le silence. Le bruit d'une vie agitée nous étourdit, en effet, et nous fait oublier la fuite insensible du temps; c'est dans la solitude que l'on sent le prix des heures, parce que chacune laisse quelque trace de son passage, une pensée, une connaissance qui vient éclairer l'esprit, une page, une phrase, un mot qui s'ajoute à l'œuvre commencée.

Peut-on espérer d'ailleurs de rencontrer dans le même homme cette longue patience, cette continuité de pensée nécessaires aux beaux ouvrages, et

par surcroît l'aisance gracieuse, la prestesse et l'agi-
lité, seules qualités que prisent les esprits frivoles ?
Ne nous étonnons point que Buffon ait craint
cette grande fatigue du monde, de paraître attentif
à des choses sans intérêt pour lui. Il ne cherchait
dans les salons que des distractions faciles, un
abandon qui le délassât de ses longs travaux ; et il
aimait, comme Montesquieu, les maisons où il
pouvait « se tirer d'affaire avec son esprit de tous
les jours » ; on s'explique le désenchantement de
ceux qui, le jugeant sur sa grande réputation,
attendaient de lui quelque parole éloquente et
ne recueillaient, pour prix d'un respectueux silence ou d'avances ingénieuses, que des pensées
communes ou les traits d'une gaieté parfois peu
mesurée.

On a beaucoup raillé la conversation de Buffon,
et je conviendrai volontiers qu'elle pouvait surprendre ceux qui étaient accoutumés à son style
noble et à ses hautes pensées. J'ai peine à croire,
pourtant, qu'elle ait été aussi plate et vulgaire qu'on
l'a prétendu, et que la lumière intérieure qui éclai-
rait son âme n'ait pas du moins projeté au dehors
quelques reflets affaiblis. Mme Necker, qui l'a si

bien connu, trouvait sa conversation instructive et quelquefois piquante ; et Gibbon se félicitait de trouver en lui un caractère aussi aimable que son esprit était grand. J'imagine que plus d'une fois il ouvrit à ses auditeurs les trésors de sa riche mémoire, ou laissa luire à leurs yeux quelque éclair des belles pensées qui l'occupaient. Mais il fallait savoir attendre ces minutes heureuses, et surtout marquer par un respectueux silence le prix que l'on mettait aux paroles du grand écrivain. A la moindre interruption, à la contradiction la plus légère, Buffon s'arrêtait court. « Je ne puis me résoudre, disait-il, à continuer la conversation avec un homme qui se croit permis, en pensant à une chose pour la première fois, de contredire quelqu'un qui s'en est occupé toute sa vie. »

Il avait hâte, du reste, de fuir la société « où, pour une phrase utile qu'on recueille, ce n'est pas la peine de perdre une soirée entière », et de regagner sa chère solitude où rien ne venait froisser son amour-propre et lui ravir un temps dont il sentait si bien le prix. On a souvent décrit cette studieuse retraite de Montbard, le beau jardin aux nobles terrasses, la tour isolée où le grand écrivain s'enfermait pour méditer et pour écrire [1]. Le cabinet sans meubles et sans livres, orné seulement d'un portrait de Newton, c'était là qu'il appliquait, durant de longues heures, son esprit au même objet, avec cette continuité d'attention qu'il regardait comme la marque de son génie. Il considérait une idée jusqu'à ce qu'il la vît reluire d'une pleine clarté, et qu'il sentît une sorte d'impatience de la faire rayonner aux regards des autres. Alors seulement il prenait la plume, et maître de lui-même comme de son sujet, soutenu par l'inspiration sans en être dominé, il composait ces belles périodes vraiment dignes, par leur majesté paisible, de la grandeur des spectacles qu'il décrivait.

On serait vraiment tenté de chercher une sorte d'analogie entre le mouvement lent et irrésistible dont la nature accomplit son œuvre, et le travail constant et régulier de l'écrivain qui avait entrepris de la peindre. La croissance insensible et continue d'un grand arbre, la force secrète qui soulève du

[1] « M. de Buffon, dit Mme Necker, pense mieux et plus facilement dans la grande élévation de sa tour, à Montbard, où l'air est plus pur. C'est une observation qu'il a faite souvent. »

fond de l'Océan une île ou un continent nouveau, sont peut-être la plus fidèle image de ce paisible génie et de l'effort constant et laborieux par lequel il s'exerça.

Buffon aimait la gloire d'un amour sérieux et profond, mais sans trouble et sans impatience. Il ne précipitait point son œuvre pour en jouir plus vite. Sûr de lui-même, il n'avait pas besoin que la faveur publique vînt justifier et accroître la bonne opinion qu'il avait conçue de son esprit et de son ouvrage. Il devait à son naïf orgueil de goûter déjà les prémices de sa gloire, sans compromettre la perfection de l'œuvre par laquelle il voulait l'acheter.

VIII

Cette œuvre, il y travaillait sans cesse, corrigeant, dictant, récrivant, corrigeant encore. Il
avait le don suprême de n'être jamais satisfait. Il
la lisait à ses amis pour s'assurer qu'aucun nuage
n'avait obscurci sa pensée. Il avouait lui-même
que cette contrainte qu'il s'imposait de revenir
sans cesse sur le même objet, quoiqu'il crût avoir
déjà atteint à une sorte de perfection, lui avait
d'abord semblé ennuyeuse et fatigante, mais
qu'avec l'habitude il avait fini par prendre plaisir
à cette longue correction. « Il pouvait rendre
« raison de tous les motifs de préférence qu'il
« avait eus pour tous les mots de son discours,
« sans exclure même de cette discussion les moin-
« dres particules, les conjonctions les plus igno-

« rées [1] ». Il ne s'arrêtait que lorsqu'il ne trouvait plus rien qu'il pût ajouter à son discours, rien qu'il pût en retrancher, rien qu'il pût changer. Alors, avec la satisfaction de l'œuvre accomplie, il se récitait la belle prose que tant d'efforts avaient gravée dans sa mémoire, et le plaisir qu'il y prenait était la première de ses récompenses.

Cette vie retirée et paisible, éclairée pourtant déjà d'un rayon de la gloire à venir, est peut-être la plus heureuse qu'un homme de lettres et un savant puissent rêver. Buffon en sentait le prix ; il ne ressentait point ces vagues inquiétudes qui empêchent tant de bons esprits de goûter le bonheur de leur condition. C'est sans doute lui-même qu'il peint lorsqu'il trace le noble idéal de la vie du sage : « Content de son état, il ne veut être que « comme il a toujours été, ne vivre que comme il « a toujours vécu ; se suffisant à lui-même, il n'a « qu'un faible besoin des autres ; il ne peut leur « être à charge, occupé continuellement à exercer « les facultés de son âme ; il perfectionne son en- « tendement, il cultive son esprit, il acquiert de « nouvelles connaissances, et se satisfait à tout

[1] Mme NECKER, *Mélanges*.

« instant sans remords et sans dégoût ; il jouit de
« tout l'univers en jouissant de lui-même. Un tel
« homme est sans doute le plus heureux de la na-
« ture. »

C'est sans doute ce bonheur continu, autant
qu'un désir de perfection difficile à satisfaire, qui
explique le long intervalle qui sépare le commencement de ses travaux du jour où le public en
goûta les premiers fruits. Dix ans s'écoulèrent, en
effet, entre la nomination de Buffon à l'intendance
du Jardin du Roi et la publication des trois premiers
volumes de l'*Histoire naturelle*. Du reste, la prompte
admiration du public récompensa le patient écrivain de ce retard qu'il avait bien voulu imposer à
sa renommée, et lui paya dès les premiers jours,
avec usure, tout l'arriéré de gloire qu'il lui devait.
On fut étonné de la grandeur du sujet et de cette
majesté sévère du langage. Les esprits fins et délicats, qu'avaient charmés l'esprit prompt et la grâce
légère de Voltaire, ceux qui avaient admiré le trait
rapide et pénétrant de Montesquieu, ceux surtout
qu'avait amusés la subtilité ingénieuse de Fontenelle, contemplèrent, avec plus de respect peut-
être encore que de plaisir, ces beaux discours aux

périodes larges et nombreuses, cet air solennel qui semblait appartenir à un autre âge, ce calme et cette gravité paisible bien faits pour surprendre un siècle de critiques et de combats. C'était la première fois en France que la grande éloquence se détachait des vérités morales et de la peinture du cœur humain, pour entrer au service de la science. Ce qui ajoutait encore à l'effet de ce noble ouvrage, c'est que l'esprit des temps nouveaux vivait sous la forme antique, et que si le style de l'auteur rappelait le XVIIe siècle, sa pensée attestait que nulle des idées de tolérance et de justice, honneur de son temps, ne lui était demeurée étrangère.

IX

Il est presque superflu d'ajouter que plus d'une
critique fit entendre sa voix au milieu de ce con-
cert d'éloges. Et ne croyons point que tous fussent
animés par l'envie que devait exciter une gloire si
haute et si soudaine; plus d'un juge bienveillant
avertissait l'auteur de ses fautes, afin qu'il les cor-
rigeât, et, par cette généreuse franchise, il acqué-
rait plus de droits à sa reconnaissance que ceux
qui lui prodiguaient des éloges sans réserves. Ceux
mêmes qui l'attaquaient avec moins de justice,
n'obéissaient point tous à des motifs méprisables.
Tous les esprits ne sont point ouverts à certaines
beautés, et l'on ne peut exiger que le respect de
l'opinion publique aille jusqu'à feindre une admiration que l'on n'éprouve pas. Sachons aussi res-

pecter les scrupules des âmes honnêtes qu'effrayait la hardiesse de Buffon, cette piété naïve, qui ne pouvait voir sans trouble un regard mortel tenter de pénétrer quelque chose du grand mystère dont Dieu a voulu que l'origine des choses demeurât enveloppée. Il faut penser assez de bien des hommes pour reconnaître que leurs erreurs ont souvent une juste cause; et il faut avoir l'esprit assez éclairé et assez libéral, pour comprendre et excuser les craintes et les répugnances de ceux auxquels ces rares qualités ont été refusées.

Parmi les adversaires que soulevait cette gloire nouvelle, les plus compétents et partant les plus dangereux, étaient les savants, et surtout les naturalistes, dont les théories de Buffon choquaient les habitudes, ou contrariaient les vues. Beaucoup d'observateurs de mérite, de chercheurs consciencieux, voyaient avec inquiétude ces conceptions hardies, dont la tournure de leur esprit les empêchait de comprendre la grandeur, et dont les découvertes de l'avenir devaient seules démontrer la justesse. Accoutumés à chercher surtout dans une description le détail précis, l'observation exacte et minutieuse, ils n'appréciaient point à leur juste valeur l'élévation et la nouveauté des vues d'ensemble, qu'ils accusaient d'être vagues, et qui n'étaient que générales; peut-être aussi exerçaient-ils ainsi de justes représailles du dédain peu philosophique avec lequel Buffon les traitait quelquefois, lorsqu'il parlait par exemple du *peuple des naturalistes,* ou que, à propos de je ne sais quel détail, qu'il ne voulait point se donner la peine d'étudier, il écrivait cette phrase singulière : « Je « laisse aux gens qui s'occupent d'anatomie à véri- « fier plus exactement ce fait. » Est-ce donc une loi de la nature humaine, que l'on ne puisse posséder une qualité, sans décrier ceux qui ont reçu en partage une qualité contraire? Les préventions ne sont-elles pas encore plus injustes et, si j'ose dire, plus ridicules, lorsque ces talents opposés sont faits pour s'aider et se compléter l'un par l'autre[1]?

---

[1] « Ces deux espèces d'hommes (les observateurs et les hommes de génie), dit Bailly, se connaissent mal et s'estiment peu. L'homme de génie, élevé par ses propres forces à une grande hauteur, aperçoit un vaste horizon ; l'observateur attentif, placé beaucoup plus bas, recueille un à un les faits autour de lui. L'homme de génie a tort s'il fait peu de cas de l'utile observateur ; mais celui-ci, qui ose le lui rendre, est plus coupable. Il ne faut point accuser les gens

Les gens de lettres de leur côté reprochaient à Buffon de la raideur et de l'emphase, un ton toujours tendu et sérieux. Les esprits délicats, rendus exigeants par les chefs-d'œuvre, se plaignaient de ne pas trouver dans son style l'esprit et la finesse auxquels Voltaire et Montesquieu les avaient accoutumés, et jugeaient que l'éloquence, à laquelle d'ailleurs ils sont d'ordinaire peu sensibles, ne les en dédommageait pas assez. Ils l'effleuraient pourtant à peine d'une critique légère, se plaignant, en secret comme Voltaire, que cette histoire naturelle ne fût pas aussi naturelle qu'il aurait fallu[1]. Ils laissaient l'amertume et la violence aux esprits durs et chagrins, qui trouvent que toute parure déshonore la science et que la beauté du style, c'est la sécheresse et la nudité. C'était d'Alembert, par exemple, esprit ferme et distingué pourtant, qui ne cessait de poursuivre Buffon de ses railleries et de ses invectives, l'appelant sans

qui ont la vue longue ; le temps amènera les objets à notre portée, et le grand homme sera justifié. » (BAILLY, *dixième lettre sur l'histoire des sciences.*)

[1] J'ai déjà cité le mot de Marmontel : « Quelques-uns lui reprochaient d'avoir fastueusement écrit dans un genre qui ne voulait qu'un style simple et naturel. »

cesse : « Le grand phrasier, le roi des phra-
siers [1]. »

Buffon prit le parti le plus sage, et sut trouver
le meilleur moyen de décourager les critiques. Il
n'y répondit pas ; non sans doute qu'il les méprisât
toutes, ou que la réponse lui semblât toujours si
facile qu'il dédaignât de la donner, mais il craignait
d'attirer l'attention sur ses adversaires par l'éclat
dont sa réponse aurait fait briller leurs noms. Il ne
voulait point non plus que leur amour-propre, tout
ensemble offensé de la réponse, et satisfait de l'honneur de l'avoir reçue, les animât davantage à la
guerre. Il craignait enfin de prolonger une lutte
dont la fatigue excéderait de beaucoup les avan-
tages, et où la victoire même ne vaudrait pas le
temps qu'elle aurait perdu.

Ce sacrifice d'ailleurs ne devait guère coûter à
son orgueil haut et tranquille. Il est aisé de dédai-

____

[1] On conte qu'un jour d'Alembert s'irritait contre la
fameuse phrase sur le *cheval* « la plus noble conquête que
l'homme ait faite...... » Pourquoi ne pas dire un cheval,
s'écriait-il ? Vous avez raison, dit Rivarol ; c'est comme cet
imbécile de Rousseau, qui écrit : « des bords sacrés où naît
l'aurore, aux bords enflammés du couchant », au lieu de
mettre bonnement l'est, l'ouest.

gner les offenses, lorsqu'elles n'altèrent pas la bonne opinion que nous avons conçue de nous-mêmes. Prenons-y garde en effet; la colère que les critiques nous inspirent vient d'une crainte secrète qu'elles ne soient fondées, d'une sorte de complicité involontaire qui nous met du parti de nos agresseurs. Buffon profitait des critiques équitables, en corrigeant les fautes qu'on lui avait signalées. Quant aux autres, il les dédaignait et les laissait retomber sur elles-mêmes. Attaqué en 1750 en même temps que Montesquieu par une feuille janséniste, *les Nouvelles ecclésiastiques*, dénoncé à la Sorbonne et condamné, il laisse l'irritable auteur de l'*Esprit des lois* répondre à ce médiocre adversaire [1]. Quant à lui, n'attendez pas qu'il combatte pour si peu. « Montesquieu a répondu, « dit-il, par une brochure assez épaisse et du meil-

---

[1] « Il serait ridicule que ceux qui ont voulu éclairer les autres ne voulussent pas être éclairés eux-mêmes. Ceux qui nous avertissent sont les compagnons de nos travaux. Si le critique et l'auteur cherchent la vérité, ils ont le même intérêt ; car la vérité est le bien de tous les hommes ; ils seront des confédérés et non pas des ennemis....... On aurait continué à garder le silence, si, de ce qu'on le gardait, plusieurs personnes n'avaient conclu qu'on y était réduit. »

« leur ton ; sa réponse a parfaitement réussi. Mal-
« gré cet exemple, je crois que j'agirai différem-
« ment, et que je ne répondrai pas un seul mot.
« Chacun a sa délicatesse d'amour-propre. La
« mienne va jusqu'à croire que de certaines gens
« ne peuvent pas même m'offenser[1]. »

Si parfois il se sentait quelque désir de sortir de
cette sage réserve, le prudent Daubenton l'y rame-
nait bientôt, en lui faisant sentir l'inutilité de la
lutte. Un jour Buffon avait préparé une belle réponse à un libelle qui l'avait sans doute plus vivement piqué que les autres. Il la montra à son ami :
« N'est-elle pas victorieuse, lui demanda-t-il ? —
« Oui, répondit Daubenton, mais vous allez com-
« mencer la guerre que vous avez toujours évitée,
« et quelle victoire vaut la paix ? »

[1] Lettre à l'abbé Leblanc, dans les *Mélanges de la Société
des bibliophiles,* 1822.

X

C'était par la grandeur et la perfection de son ouvrage, que Buffon voulait désarmer la critique. C'était sur l'éclat de sa gloire qu'il comptait pour désarmer les envieux. Il se hâtait donc d'avancer dans son œuvre immense, comme les triomphateurs romains parcouraient la voie Sacrée sans s'inquiéter des railleries que leur jetaient le peuple et les soldats. Les volumes de l'*Histoire naturelle* se succédaient avec une régularité admirable sans laisser à la curiosité et à l'admiration publiques le temps de se refroidir. Chose étrange! dans une si longue suite de travaux, on ne remarque pas une trace de fatigue ou de faiblesse; tout est également correct et soigné; tout brille du même éclat tranquille, sans éclairs mais aussi sans taches. L'ardeur de l'esprit n'éclatait point chez lui, comme il arrive d'ordinaire, par la variété des goûts et des travaux, mais par l'application infatigable d'une œuvre unique. Il ne cessait de se développer, mais toujours dans le même sens. Il rajeunissait sans cesse, mais comme la nature elle-même, en conservant jusqu'à la fin sa forme première. Les derniers volumes de ce long travail ne se distinguent des premiers que par une plus grande justesse d'expression, une plus belle ordonnance de l'ensemble, une plus complète perfection des détails [1].

Ils témoignent tous de la même étude patiente, et de cette continuité d'efforts que les infirmités de la vieillesse n'interrompaient pas plus que les plaisirs n'avaient fait dans la jeunesse. Ceux qui approchaient Buffon de près étaient surpris de la fermeté stoïque avec laquelle il supportait les plus cruelles douleurs, sans qu'elles altérassent le calme de son esprit. « Il a, disait Mme Necker, cette par- « faite sérénité dans la souffrance et dans les con-

---

[1] C'était l'avis de Buffon lui-même. « J'apprends tous les « jours à écrire », disait-il, et il ajoutait : « Il y a dans mes « derniers ouvrages infiniment plus de perfection que dans « les premiers. »

« trariétés qui met l'âme au niveau du génie ; et
« c'est dans le moment où l'on est effrayé et dé-
« chiré en le voyant soumis aux misères humaines,
« qu'il se montre le plus au-dessus d'elles. »

Une âme moins ferme et moins bien trempée eût
fléchi plus d'une fois sous le poids d'un labeur immense. Il ne s'agissait pas seulement de mettre en
ordre les observations des autres. L'ambition de
Buffon était plus haute qu'on ne le pense d'ordinaire. Quelque estime qu'il eût pour le beau style, il
comprenait que l'exactitude est la première qualité
du savant. Il ne décrivait rien sans l'avoir observé :
« On n'acquiert, disait-il, aucune connaissance
« transmissible qu'en voyant par soi-même. »
Souvent contraint de renoncer à cette vue directe
des choses, il s'assurait du moins autant que
possible de la justesse des observations qu'il em-
pruntait. « Tâchez, Monsieur, écrivait-il à l'abbé
« Bexon, tâchez de faire toutes vos descriptions
« d'après les oiseaux mêmes : cela est essentiel pour
« la précision. » Je ne m'étonne donc point que
Cuvier ait souvent déclaré qu'il trouvait Buffon
plus exact que Linné [1] ; et j'estime que tous les

[1] FLOURENS, *Des Manuscrits de Buffon*, page 9.

naturalistes en jugeraient de même s'ils n'étaient
déconcertés par l'absence du langage technique
auquel ils sont habitués. Il ne faut point cependant
que la beauté de la forme nous trompe sur la valeur du fond. On est surpris, en lisant Buffon avec
soin, du nombre d'observations précises qu'il a
faites ou enregistrées. Il interrogeait sans cesse les
hommes spéciaux, garde-chasses, officiers de véne-
rie, agriculteurs, marins, voyageurs. Il entend parler d'un malheureux abandonné pendant quinze
ans dans un désert d'Amérique. Il le fait venir,
l'observe, le questionne, et sur ses indications
compose son admirable peinture de la nature abandonnée à elle-même et privée des soins attentifs
de l'homme qui la corrige et l'embellit. Tout avait
été disposé dans le château de Montbard pour rendre les expériences et les observations faciles, et
éviter les pertes de temps. Il y avait des parcs
pour les bêtes sauvages, des fossés pour les lions
et les ours, des bassins pour les poissons. Buffon
avait construit des laboratoires où il faisait des
expériences de physique et de chimie nécessaires à
ses travaux sur les minéraux et la théorie de la
terre. Il avait acheté des forges pour y instituer de

longues et coûteuses expériences sur le refroidissement des diverses matières. Il y faisait rougir ou
fondre d'énormes boulets de pierre, de grès, de
marbre, de fer ou de cuivre, et observait le
temps qu'ils mettaient à revenir à une température
déterminée. Sa curiosité s'étendait même à des
sujets étrangers à ses études ordinaires. « Nous
« faisons, écrit-il au président Buffery, nous fai-
« sons ici tous les jours de belles expériences sur
« le tonnerre; c'est moi qui les ai fait connaitre
« et exécuter le premier (1752). » Il nous apprend
dans la même lettre, que, pour suivre plus à l'aise
ses expériences sur l'électricité, il a fait dresser une
barre de fer au-dessus de sa maison.

On le voit, tout trouvait sa place dans les heures
sagement réglées; et il restait encore à Buffon le
temps de s'acquitter des devoirs de sa charge
avec un zèle et une application que nul intendant
du Jardin royal n'avait montrés avant lui. Bien
qu'il ne passât que quatre mois par an à Paris, on
peut dire qu'il ne perdait jamais de vue le Jardin
du Roi et les collections. Il entretenait une correspondance très-suivie avec le jardinier en chef,
André Thouin, et ne cessait de lui adresser des

encouragements et des conseils. Il usait avec une ingénieuse persévérance de sa faveur près des grands pour obtenir de nouveaux crédits. Quelquefois il n'avait pas la patience de les attendre, et suppléait par ses ressources personnelles à l'insuffisance de celles que les ministres mettaient à sa disposition. « Les dépenses du Jardin du Roi, écrit-il à l'abbé « Bexon, absorbent non-seulement tous mes fonds, « mais me forcent même à emprunter[1]. » Du reste, la générosité du roi ne le laissa jamais longtemps dans l'embarras. Sous cette haute protection, il put acheter, bâtir, planter tout à l'aise, sans craindre le désaveu des ministres ou les tracasseries de leurs agents subalternes. Il acheta d'abord les jardins de l'abbaye Saint-Victor, puis un vaste terrain traversé par la Bièvre ; il fit creuser des bassins, élever un mur d'enceinte, cons-

[1] Montbard, 18 juin 1782.

Voici une indication qui nous a été conservée par les papiers de Buffon : « Il m'est dû par le roi une somme de « quatre-vingt-quinze mille six cent quatre-vingt-trois livres « neuf sols deux deniers, que j'ai avancés pour des travaux « de maçonnerie et fournitures de matériaux, depuis le « 1er juillet jusqu'au 5 décembre, et dont j'ai envoyé l'état « et mémoires-quittance à M. de la Chapelle pour obtenir « une ordonnance de remboursement. »

truire des serres vastes et sûres, agrandir les bâti-
ments destinés à recevoir les collections. Son zèle
provoqua une émulation généreuse chez les particuliers et dans les corps savants. Il fallait que l'enthousiasme fût bien vif, pour que des collection-
neurs se décidassent à sacrifier ce qu'ils avaient
réuni au prix de tant de peine et de sacrifices. Le
comte d'Angevilliers donna l'exemple, en envoyant
au Jardin du Roi son cabinet d'anatomie; l'Académie des Sciences en fit autant; le roi de Pologne
offrit à Buffon une belle collection de minéraux;
des voyageurs furent envoyés dans l'Inde pour compléter le cabinet de zoologie. La gloire de Buffon
était, comme on le voit, le principal instrument de
son ouvrage; elle lui rendait le même service qu'A-
ristote avait dû jadis à Alexandre, en lui permettant
d'étudier directement les objets qu'il voulait décrire.

Des collaborateurs aussi vaillants que modestes
aidaient Buffon à tirer parti de tant de richesses. Il
leur abandonnait les détails, le soin de lire les ouvrages et d'en faire des extraits, les recherches
délicates, les expériences qui exigent plus de dexté-
rité manuelle que de génie inventif. Il n'avait garde
de consumer ses forces dans un labeur sans gloire.

Il savait du reste démêler dans chacun de ses auxiliaires ce qu'il était capable de donner. Comme un habile général inspire son âme aux soldats, Buffon animait tous ceux qui l'approchaient de l'ardeur dont il était lui-même embrasé ; il les pressait, les encourageait, les associait à sa gloire, et les contraignait de se rendre dignes des éloges qu'il leur donnait. L'orgueil de Buffon était trop haut pour que la vanité pût entrer dans son âme. Il ne craignait donc point d'avouer la part qui revenait à chacun dans l'œuvre commune. « De-« puis quarante ans, dit-il[1], que j'écris sur l'histoire « naturelle, mon zèle pour l'accroissement de cette « science ne s'est point ralenti ; j'aurais voulu la « traiter dans toutes ses parties ou du moins « ajouter à ce que j'ai fait l'histoire des oiseaux et « celle des insectes ; mais comme ces deux objets « sont d'un détail immense, j'ai senti que j'avais « besoin de coopérateurs, et j'ai engagé mon très-« cher et savant ami, M. Gueneau de Montbéliard, « l'un des meilleurs écrivains de ce siècle, à par-« tager ce travail avec moi. Il a rempli une partie « de cette tâche pénible jusqu'au sixième volume

[1] Tome VII, page 495, de l'édition Flourens.

« de cette histoire des oiseaux ; et, désirant aujour-
« d'hui s'occuper assidûment de celle des insectes,
« à laquelle il a déjà beaucoup travaillé, il m'a prié
« de me charger seul de ce qui restait à faire sur les
« oiseaux. Ce septième volume et les deux suivants
« seront donc tous trois sous mon nom ; néan-
« moins ce qu'ils contiennent ne m'appartient pas
« en entier à beaucoup près. M. l'abbé Bexon, cha-
« noine de la Sainte-Chapelle de Paris, déjà connu
« par plusieurs bons ouvrages, a bien voulu m'ai-
« der dans ce dernier travail ; non-seulement il m'a
« fourni toutes les nomenclatures et la plupart des
« descriptions, mais il a fait de savantes recher-
« ches sur chaque article, et il les a souvent accom-
« pagnées de réflexions solides et d'idées ingé-
« nieuses, que j'ai employées de son aveu, et dont
« je me fais un devoir et un plaisir de lui témoigner
« publiquement toute ma reconnaissance[1]. »

L'abbé Bexon, auquel Buffon adresse ce bel
hommage, avait de la patience pour les recherches,
un travail facile, un style brillant et une vivacité

---

[1] Il faut remarquer cependant que la collaboration de
Bexon avait commencé dès le cinquième volume, ainsi
qu'il résulte des lettres mêmes de Buffon.

d'imagination que le goût ne réglait pas toujours. Buffon ne pouvait guère se servir de ses descriptions sans les soumettre à une correction sévère [1].

Il n'en était pas de même de celles qu'il recevait de Gueneau de Montbéliard, « l'homme du monde, « disait-il, dont la façon de voir, de juger et « d'écrire a le plus de rapport avec la mienne [2]. »

L'imitation était si juste que le public ne distinguait pas les pages du disciple parmi celles du maitre [3]. C'était le même éclat, la même harmonie, un style aussi correct, et peut-être plus souple, très-ingénieux et très-français, mais où l'on aurait vainement cherché l'ampleur majestueuse et l'originalité puissante du grand écrivain.

Je ne puis parler ici de tant d'autres auxiliaires qui prirent part au travail, sans en prendre à la

[1] Voir dans le livre de M. Flourens, *Des Manuscrits de Buffon,* le chapitre Ier : *De Bexon corrigé par Buffon.* On peut remarquer avec quel art Buffon ménage l'amour-propre de son utile collaborateur, en se soumettant de fort bonne grâce aux corrections que celui-ci n'hésite pas à proposer.

[2] Préface du tome V de l'*Histoire des oiseaux.*

[3] « ..... Ayant voulu se faire juger du public sans se faire « connaître, il a imprimé sous mon nom tous les chapitres « de sa composition, depuis l'autruche jusqu'à la caille, sans « que le public ait paru s'apercevoir du changement de

gloire. Qui pourrait dire le nom de tant d'ouvriers humbles et obscurs? Ils s'estimaient assez récompensés par la grandeur et la durée du monument auquel ils avaient mis la main ; noble abnégation du soldat, qui se croit bien payé des fatigues de la guerre par le triomphe de son général, de l'observateur patient et laborieux, content d'apporter un fait nouveau et comme une pierre au monument, dont un homme de génie est l'architecte ! Celui-ci étudiait une plante, celui-là une graine, cet autre un oiseau ou un papillon ; ils écrivaient à Buffon le résultat de leur travail, pénétrés de reconnaissance et d'orgueil, lorsqu'il écrivait leur nom dans l'ouvrage immortel ; heureux encore lorsqu'ils pouvaient montrer de lui une lettre où le grand écrivain les appelait : « Mon cher collaborateur ».

« main ; et parmi les morceaux de sa façon, il en est, tel que « celui du paon, qui ont été vivement applaudis, et par le « public et par les juges les plus sévères ...... On va loin sans « doute avec de semblables aides ; mais le champ de la na-« ture est si vaste, qu'il semble s'agrandir à mesure qu'on « le parcourt ; et la vie d'un, deux et trois hommes est si « courte qu'en la comparant avec cette immense étendue, « on sentira qu'il n'était pas possible d'y faire de plus grands « progrès en aussi peu de temps. » (Préface du tome V de l'*Histoire des oiseaux*.)

XI

Il serait étrange en vérité qu'une œuvre à
laquelle tant d'esprits divers avaient contribué,
une œuvre qui résume tant de travaux et d'efforts,
n'eût d'autre mérite que l'art de la composition et
la beauté du style. Les contemporains cependant
en jugèrent ainsi. Les savants du XVIIIe siècle regar-
dèrent à peine Buffon comme un des leurs ; la hardiesse des vues leur sembla témérité, ses erreurs
leur cachèrent les vérités auxquelles elles étaient
mêlées. Il leur sembla que les expressions générales, qui abondaient dans ses tableaux, provenaient
du vague de la pensée, et que ce coloris éclatant
trahissait l'incorrection du dessin. Buffon lui-même
était le complice involontaire de cette appréciation
injuste de son talent ; la complaisance marquée,

avec laquelle il parlait du style, les soins minutieux qu'il mettait à retoucher ses ouvrages, le choix même du sujet de son discours à l'Académie française, tout cela semblait dénoter de sa part une certaine indifférence pour la valeur scientifique des travaux qu'il revêtait de cette forme magnifique.

« Buffon, dit M. Nisard, était de notre pays, « où, soit attachement médiocre pour le vrai, soit « plutôt passion d'un peuple artiste pour la forme, « on considère le style à part des idées, et on en- « seigne officiellement dans les écoles la distinc- « tion de la forme et du fond. » On s'accoutuma donc à ne voir en lui qu'un ingénieux construc- teur de périodes, un habile artisan de paroles. Parce qu'il possédait le talent d'écrivain à un degré éminent, on fut porté par une injustice assez com- mune à lui refuser les autres. Les esprits ordinaires trouvent en effet une consolation maligne à pen- ser que la supériorité dans un genre ne s'achète que par l'absence des qualités différentes, de sorte qu'à tout prendre, il vaut peut-être mieux être mé- diocre dans tous les genres que d'exceller dans un seul.

Il serait aisé sans doute de citer plus d'un criti-

que qui attira d'abord l'attention sur le mérite
scientifique de Buffon. Ce n'est pourtant que de
nos jours qu'il a été apprécié à sa valeur ; et,
chose singulière, il semble aujourd'hui que les
savants l'ont en plus grande estime que les gens
de lettres. Cette justice tardive est due au temps
qui a montré la vérité de ses hypothèses hardies et
transformé en vues de génie ce qui ne semblait
d'abord que théories ambitieuses. Les lettres doivent se féliciter de cet hommage rendu à la science
de Buffon. N'était-ce pas en effet leur faire une trop
sensible injure, que de séparer si profondément le
mérite littéraire de la vérité des idées ? Quel art
serait plus frivole que l'éloquence s'il était permis
de la distinguer à ce point des conceptions qu'elle
cherche à exprimer ? Ne craignons point, pour
l'honneur même des lettres, d'insister sur les
grandes vérités que l'éloquence de Buffon a fait
pénétrer dans les esprits. Je n'ignore point que les
détails techniques fatiguent l'attention et semblent
quelquefois déplacés dans une œuvre littéraire ;
mais il serait ridicule de prétendre conter la vie
d'un naturaliste, en craignant de trop parler d'histoire naturelle. Le seul éloge digne des savants est

l'histoire de leurs idées, et, s'il m'était permis de
leur appliquer un mot célèbre en l'altérant un peu,
je dirais, comme Bossuet, que « leurs seules pensées les peuvent louer, et que toute autre louange
languit auprès des grands écrivains. »

XII

Mon seul embarras est de choisir, parmi tant de théories, celles qui font le plus de gloire à leur auteur, celles où il a montré l'esprit le plus pénétrant ou le plus ingénieux, celles enfin qui méritent le plus d'attirer l'attention, et qui sont le plus capables de la soutenir.

La *Théorie de la terre* est digne sans contredit d'occuper le premier rang dans une revue des travaux de Buffon. C'est par elle que sa vie scientifique commence, c'est par elle aussi qu'elle se termine. En effet, la théorie de la terre fut comme l'apprentissage de ce vigoureux esprit ; et les *Époques de la nature,* où cette théorie est reprise, corrigée, complétée, sont la dernière œuvre de sa vieillesse. Nulle autre ne lui permettait d'user plus librement de son imagination hardie, et d'exercer avec moins de contrainte cette « *vie de l'esprit* » dont il parlait si souvent. Il n'était point condamné ici à ces recherches minutieuses qui répugnaient si fort à son génie et dont il ne pouvait se dispenser dans l'étude des espèces vivantes et de l'ordre réel et présent de l'univers. Là, au contraire, au lieu de se traîner péniblement d'une vérité à l'autre, de consumer ses forces sur des détails d'observations, sur des notions éparses et isolées, il pouvait voir tout son sujet d'un seul coup, à la lumière d'une grande idée, qui lui donnait l'unité nécessaire à toute œuvre de génie.

Il n'est point du reste, dans tout le domaine des sciences naturelles, de sujet plus digne des méditations d'un grand esprit. Il touche à la fois aux recherches les plus spéciales de chaque science et au problème le plus général et le plus élevé de la métaphysique, le problème de l'origine des choses. Un attrait mystérieux nous porte vers ces temps qui ont précédé toute chronologie, vers ces événements qui ont devancé toute histoire. On dirait que l'imagination se joue plus librement dans cet infini du temps et de l'espace ; et l'on conçoit le noble orgueil de l'homme qui croit deviner, par la force du génie, des spectacles qui n'ont eu que Dieu pour spectateur.

J'oserais dire que ce grand Dieu semble lui-même encourager ici notre audace, lorsqu'il nous rend en quelque sorte confident de son œuvre, en nous révélant quelques-uns des grands traits de la création. S'il a mis en nous une curiosité ardente pour ces problèmes, s'il l'a en partie satisfaite, n'est-ce point pour nous inviter à entretenir et à étendre, dans la mesure de nos forces, la science dont il a fait briller dans notre esprit les premières étincelles ? Notre Dieu n'est point jaloux de ses créatures ; ce serait faire injure à sa grandeur et à sa bonté, de craindre que la science pût jamais, sans son aveu, soulever un des voiles dont il lui plaît de couvrir ses mystères. D'ailleurs, puisque les découvertes de la science nous font sans cesse pénétrer plus avant dans l'ordre du monde, elles augmentent notre respect pour son créateur ; et il est permis de les considérer comme des révélations successives, qui agrandissent sans cesse l'idée que nous concevons du Créateur. Buffon l'a dit en ter-mes magnifiques, et avec une émotion que je crois

sincère : « Les vérités de la nature ne devaient
« paraître qu'avec le temps ; et le souverain Être se
« les réservait comme le plus sûr moyen de rappe-
« ler l'homme à lui, lorsque sa foi, déclinant dans
« la suite des siècles, serait devenue chancelante ;
« lorsque, éloigné de son origine, il pourrait l'ou-
« blier ; lorsque enfin, trop accoutumé au spectacle
« de la nature, il n'en serait plus touché, et vien-
« drait à en méconnaître l'auteur. Il était néces-
« saire de raffermir de temps en temps, et même
« d'agrandir l'idée de Dieu dans l'esprit et le cœur
« de l'homme. Or, chaque découverte produit ce
« grand effet, chaque nouveau pas que nous fai-
« sons dans la nature nous rapproche du Créateur[1].

[1] Tome V, page 38. (*Suppléments.*)

Chose singulière, ce beau passage fut un de ceux que
censura la Sorbonne. Les objections qu'elle oppose à Buffon
ne manquent point, il est vrai, d'une certaine force ; il n'est
pas sans intérêt de les citer. « Les vérités de la nature ne
« sont pas le plus sûr moyen de rappeler l'homme à Dieu ;
« témoin les philosophes, dont parle l'Apôtre dans son *Épître*
« *aux Romains, « qui cum cognovissent Deum, non sicut Deum*
« *glorificaverunt* ». Ce n'est pas par la physique, mais par
« une révélation nouvelle que Dieu a réformé le monde.
« Eh ! comment les vérités physiques seraient-elles *le plus*
« *sûr moyen,* lorsque M. de Buffon avoue lui-même qu'il

« Une vérité nouvelle est une espèce de miracle ;
« l'effet est le même ; et elle ne diffère du vrai mi-
« racle qu'en ce que celui-ci est un coup d'éclat

« n'y a qu'un petit nombre d'hommes auxquels les vé-
« rités physiques et astronomiques soient assez connues à
« n'en pouvoir douter, et qui puissent en entendre le lan-
« gage... C'est ôter au miracle sa force probante, anéan-
« tir ses effets, que de lui comparer, de lui assimiler ce
« qu'on appelle une vérité nouvelle de physique ; celle-ci
« n'est jamais aussi certaine, elle n'a point une fin aussi
« déterminée que celle pour laquelle le miracle est fait ; elle
« n'est pas à la portée de tout le monde, au lieu que le mi-
« racle, le vrai miracle frappe et a la force de convaincre les
« plus ignorants comme les plus savants. »

L'abbé Bexon, dans une espèce de mémoire justificatif
qu'il avait préparé pour Buffon, répond fort bien à ces objections : « C'est en vain qu'on objecte que les grandes vérités
« physiques et astronomiques ne sont à la portée que d'un
« petit nombre d'hommes : c'est pour ce nombre, petit, mais
« précieux pour sa conviction et sa persuasion, que Dieu a
« donné à ces vérités tant de force et de majesté, et qu'il a
« fait du spectacle de l'univers le magnifique emblème d'une
« intelligence et d'une puissance infinies.

« Ce n'est rien ôter de leur force aux miracles particuliers,
« que Dieu dans certaines circonstances a voulu faire éclater
« aux yeux des hommes, que d'écouter en même temps la
« voix toujours parlante des merveilles de la création, de
« ces grands miracles de la nature qui nous enseignent sans
« cesse cette science divine que, suivant une expression su-
« blime et sacrée, *le jour annonce au jour et la nuit révèle à*
« *la nuit.* »

« que Dieu frappe immédiatement et rarement, au
« lieu qu'il se sert de l'homme pour découvrir et
« manifester les merveilles dont il a rempli le sein
« de la nature ; et que, comme les merveilles s'opè-
« rent à tout instant, qu'elles sont exposées de
« tout temps et pour tous les temps à sa contem-
« plation, Dieu le rappelle sans cesse à lui, non-
« seulement par le spectacle actuel, mais encore
« par le développement successif de ses œuvres. »

XIII

Cette révélation successive commença, on peut le dire, aux premiers jours de la science. Qu'est-ce autre chose, en effet, que les grands systèmes des philosophes d'Ionie, sinon une tentative prématurée pour deviner d'un seul coup le mystère dont une partie seulement devait être révélée aux siècles à venir? Au prix de quelles études et de quelle patience, nous l'allons voir. Ce n'est pas cependant que tout ait été vain dans ce premier effort de l'homme vers la vérité. Plus d'une vue de génie se mêlait aux chimères des systèmes. Empédocle, par exemple, semblait pressentir les découvertes modernes, lorsqu'à la vue des volcans de Sicile il concevait cette idée hardie que la terre repose sur un feu souterrain, dont la force immense soulève

les rochers et les montagnes. Aristote croyait le
monde sujet à des inondations et à des confla-
grations alternatives. Il concevait très-nettement
les révolutions lentes ou brusques qui renouvellent périodiquement la surface de la terre. Il
« est certains pays où la distribution des terres
« et des mers n'est pas en tout temps la même,
« c'est-à-dire que telle partie qui, à une époque
« était terre, devient mer ensuite, et que telle autre
« qui faisait partie de la mer devient terre à son
« tour..... Sans cesse nous voyons la mer aban-
« donner certains lieux et en envahir d'autres. La
« terre ne présente donc pas toujours le même
« aspect ; là où nous foulons aujourd'hui un sol
« continental, la mer a séjourné et séjournera
« encore. La région où elle est à présent fut jadis
« et redeviendra plus tard encore un continent. Le
« temps modifie tout [1]. »

Strabon rapporte l'opinion de Xanthus le Ly-
dien et du physicien Straton, qui croyaient aux
changements d'étendue de la mer et des continents.
Il explique lui-même le phénomène par des soulè-

---

[1] ARIST., *De Meteor.*, lib. II, 14, 15 et 16.

vements et des affaissements successifs. « Des sou-
« lèvements spontanés de terrains sous-marins se
« reproduisent en quelque sorte tous les jours.....
« Il ne faut pas croire que les petites îles soient
« seules capables de participer au soulèvement et à
« l'abaissement de la mer; les grandes îles et les
« continents sont également sujets à ce double
« mouvement, qui se manifeste indifféremment à
« l'égard des grandes et des petites étendues de
« terrain [1]. »

Le temps devait confirmer ces grandes hypothèses. Il semble même que le progrès ait été beaucoup plus lent en géologie que dans les autres
sciences naturelles. Si l'on excepte en effet quelques
vues de philosophes ou de savants arabes [2], vues
qui n'agirent que pour une faible part sur le progrès
des sciences en Europe, il faut descendre jusqu'au
seizième siècle et à Bernard Palissy pour retrouver

[1] STRABON, *Geog.,* lib. I.
[2] On peut consulter Averroès, *De Congelatione lapidum*
(ed. Gedani, 1681). — HOFF, *Geschichte der Veränderungen der
Erdoberfläche* (vol. I, page 406). — ÉLIE DE BEAUMONT
(*Ann. des sciences nat.,* 1832). — LYELL, *Principes de géologie,*
livre I, 3.

des recherches personnelles et des idées originales[1].
Il rendit un service signalé à la géologie, en soutenant que les ossements et les coquilles fossiles
avaient réellement appartenu à des animaux[2]. On
éprouve quelque honte de lui en faire un titre de
gloire et de louer l'audace avec laquelle il osa soutenir une pareille proposition. Et pourtant il eut à
combattre un préjugé puissant et qui, plus que
tout autre, arrêtait les progrès de la géologie. On
avait soutenu les théories les plus étranges sur la
nature des fossiles. Les uns, avec Mattiole et Agri-
cola, soutenaient qu'ils étaient produits par une
matière grasse fermentant sous l'influence de la
chaleur. D'autres, avec Fallopio, de Padoue, attri-
buaient les fossiles aux mouvements capricieux des
exhalaisons terrestres. Ils allèrent même jusqu'à
considérer les vases brisés du *monte Testacio*, à
Rome, comme des impressions naturelles formées

---

[1] *Discours admirables : De la Nature des eaux*, 1580.

[2] « C'est aux Fossiles seuls (dit Cuvier) qu'est due la nais-
« sance de la théorie de la terre ; sans eux, l'on n'aurait
« peut-être jamais songé qu'il y ait eu dans la formation du
« globe des époques successives et une série d'opérations
« différentes. Eux seuls donnent la certitude que le globe
« n'a pas toujours eu la même constitution. »

dans la terre de cette colline[1]. Croirait-on qu'il se trouva des anatomistes, et non des moins célèbres, pour confondre certaines défenses d'éléphant, trouvées dans la houille, avec des concrétions terrestres? Croirait-on qu'on imagina de les attribuer à l'influence des corps célestes[2], ou plus simplement de déclarer que c'étaient de simples *jeux de la nature*[3].

Le Danois Sténon, professeur d'anatomie à Padoue, fut le premier qui apporta à l'étude de la théorie de la terre un esprit vraiment scientifique et une liberté vraiment singulière, si l'on songe aux préjugés de son temps. Il disséqua un requin qu'on venait de prendre dans la Méditerranée et montra que ses os et ses dents étaient identiques à certains fossiles trouvés en Toscane. Il prouva l'origine secondaire des terrains renfermant des débris organiques ou des fragments de roches anciennes. Il conçut que tous ces terrains avaient dû

[1] FALLOPIO, *De Fossilib.*, pages 109-176.

[2] C'était l'opinion de Mercati, auteur d'une description fort exacte (1574) des fossiles conservés au musée du Vatican.

[3] Par exemple, Olivier de Crémone, qui décrivit les fossiles de Vérone.

être d'abord horizontaux et que leur direction
verticale ou oblique ne pouvait provenir que de
soulèvements ou de redressements dus à une cause
plus récente; il offrit de prouver que la Toscane
avait changé six fois de configuration, ayant été
successivement envahie et abandonnée par les
eaux [1].

Scilla [2], Quirini [3], Lister [4], reprirent ces idées,
en les confirmant par des recherches nouvelles,
mais aussi en y mêlant de singulières hypothèses
qui en diminuaient le crédit. Il était réservé à un
philosophe d'accomplir un nouveau progrès. En
1680, Leibniz publia, sous le titre de *Protogea*, un
livre où il exposait des idées originales sur la formation de la terre. Il pensait que la terre avait été
primitivement une masse brûlante qui, depuis la
création n'avait cessé de se refroidir. Les vapeurs,
suspendues d'abord dans une atmosphère embrasée,
s'étaient peu à peu condensées et, retombant en

---

[1] Le traité de Sténon parut en 1669, avec ce titre bizarre :
De solido intra solidum naturaliter contento.

[2] *De Fossilib. Calabriæ,* 1670.

[3] *De testaceis Fossilibus mus. Septaliani,* 1676.

[4] Voir Lyell, *Principes de géologie,* livre I, chap. 3.

pluie, avaient formé un océan immense, dont le
niveau s'abaissait à mesure que l'eau envahissait les
cavités souterraines ; de là, des mouvements tu-
multueux, des inondations terribles, puis des périodes de calme, durant lesquelles les eaux aban-
donnèrent peu à peu les matières sédimentaires
qu'elles tenaient en dissolution. « On peut donc
« attribuer aux masses primitives une double ori-
« gine ; l'une due au refroidissement d'une matière
« en fusion, l'autre à la concrétion, suite d'une
« solution aqueuse. La répétition de ces causes
« donna naissance à de nouvelles couches qui se
« succédèrent jusqu'à ce que les causes en question
« eussent été ramenées à un équilibre stable, et
« qu'un ordre de choses plus calme eût été ré-
« tabli. »

Woodward fut, après Leibniz et avant Buffon,
l'homme qui contribua le plus au progrès des études
géologiques [1]. Il étudia avec un soin minutieux
plusieurs terrains d'Angleterre, et fit faire un grand
pas à la science en déterminant avec une assez
grande exactitude l'ordre de superposition des
strates terrestres, et plus encore en recueillant et en

---

[1] *An Essay towards the natural history of the earth,* 1695.

coordonnant un très-grand nombre de faits [1] dont il composa, à la vérité, un fort mauvais système, mais qui servit après lui à en établir de meilleurs.

Il serait inutile et fastidieux de citer les noms de tous les savants qui, depuis la fin du XVIe siècle jusqu'à Buffon, reprirent, complétèrent, embrouillèrent ou éclaircirent la théorie de la terre [2]. Mais on ne peut passer sous silence un livre oublié aujourd'hui, et qui, lors de son apparition, étonna les imaginations et en entraîna plus d'une vers ses vues hasardeuses; je veux parler du fameux *Telliamed*, livre singulier, rempli à la fois d'hypothèses fantastiques et de vues profondes [3]. Il réunit

---

[1] La collection qu'il légua à l'Université de Cambridge, où elle existe encore dans l'ordre où il l'arrangea lui-même, prouve l'étendue de ses connaissances. (Voir LYELL, *Principes de géologie*, livre I, chap. 2).

[2] Voici les titres des principaux ouvrages : BURNET, *Telluris theoria sacra*, 1689 ; WHISTON, *A new Theory of the earth*, 1696. Il semble que ce soit à cet ouvrage que Buffon ait emprunté l'idée du choc d'une comète sur le soleil, et que cette idée ait été inspirée à Whiston par la vue de la grande comète de 1680, la même qui inspire à Bayle ses *Pensées diverses sur la comète.*

[3] *Telliamed, ou entretien d'un philosophe indou avec un missionnaire français.* On sait que Telliamed est l'anagramme du nom de l'auteur : de Maillet.

avec une sagacité peu commune les raisons qui
prouvent que la terre actuellement habitée est
presque partout un fond de mer soulevé au-dessus
des eaux; mais il en conclut fort mal à propos que
tous les animaux ont commencé par être des poissons. Il est beau de voir dans son livre par quelles
transformations ils se sont changés peu à peu en
oiseaux ou en quadrupèdes ; comment la nageoire
est devenue aile ou pied, l'écaille plume ou poil;
comment l'homme marin a perdu peu à peu ses
nageoires et sa queue de poisson. L'auteur rit tout
le premier de l'extravagance de ses idées, et c'est à
Cyrano de Bergerac qu'il dédie son œuvre étrange.
Buffon ne laissa pas d'emprunter à Maillet quelques-
unes de ses vues. On trouva même qu'il était au-
dessous de lui de se compromettre en si mauvaise
compagnie. « Maillet, dit Voltaire, a imaginé que
« les montagnes avaient été faites par le flux et le
« reflux et les courants de la mer. Cette étrange
« imagination a été fortifiée dans l'histoire natu-
« relle imprimée au Louvre, comme un enfant
« inconnu et exposé est quelquefois recueilli par un
« grand seigneur. »

Il est vrai que Buffon a emprunté plus d'une

idée à Maillet. Cependant l'on peut dire que ses vrais prédécesseurs ont été Leibniz et Woodward. Il leur prend à la fois leurs hypothèses et les principaux faits sur lesquels il les appuie. Ce n'est pas, en effet, dans les diverses parties de son livre, considérées chacune en particulier, que se montre la grandeur et l'originalité de son esprit; elle éclate bien plutôt dans l'art puissant avec lequel il dispose tous ces matériaux empruntés, pour en former un monument nouveau, plus solide et plus imposant que ceux dont les débris ont servi à l'élever.

XIV

Ce qui me frappe tout d'abord dans cette grande œuvre, c'est la sagesse avec laquelle Buffon sépare les faits certains des hypothèses plus ou moins plausibles par lesquelles il cherche à les expliquer. Il publie à la fois une théorie de la terre et un système sur la formation des planètes. La théorie est une explication de faits bien constatés par des causes réelles et toujours présentes ; le système est une tentative d'explication plus générale et plus complète, mais par des causes peut-être imaginaires, et qui, en tout cas, se dérobent à toute observation directe. Dans sa théorie, il se montre observateur précis, exigeant sur les preuves. Il ne marche qu'appuyé sur une méthode sévère. Il semble qu'il réprime les élans de son imagination, se réservant de lui rendre la liberté lorsqu'il écrira son système. Ce système semble comme un délassement de la contrainte pénible qu'il s'est imposée. Buffon s'y console et s'y dédommage de la prudence qu'il a montrée dans la théorie. Il ne s'exagère donc point la valeur de ses audacieuses hypothèses; nul mieux que lui ne les a distinguées des hypothèses réellement scientifiques, telles qu'en emploie la méthode expérimentale. « Je ne parle « point, dit-il dans sa *Théorie de la terre,* de ces « causes éloignées qu'on prévoit moins qu'on ne « les devine, de ces secousses de la nature dont le « moindre effet serait la catastrophe du monde; le « choc ou l'approche d'une comète, l'absence de la « lune, la présence d'une nouvelle planète, sont « des suppositions sur lesquelles il est aisé de « donner carrière à son imagination; de pareilles « causes produisent tout ce qu'on veut; et d'une « seule de ces hypothèses on va tirer mille romans « physiques, que leurs auteurs appelleront théorie « de la terre. Comme historien, nous nous refu- « sons à ces vaines spéculations... Des effets qui « arrivent tous les jours, des mouvements qui se « succèdent et se renouvellent sans interruption,

« des opérations constantes et toujours réitérées,
« ce sont là nos causes et nos raisons [1]. »

La théorie de la terre de Buffon consiste donc
essentiellement à expliquer les révolutions passées
du globe et son état présent par l'action lente et
graduelle de causes actuellement agissantes, le flux,
le reflux et les courants de la mer, les vents, les
pluies, les torrents, les rivières, les fleuves, l'usure
des montagnes, etc. « Ce sont les eaux rassem-
« blées dans la vaste étendue des mers qui, par le
« mouvement continuel du flux et du reflux, ont
« produit les montagnes, les vallées et les autres

---

[1] Tome I, page 98.

Buffon revient sur la même idée au commencement du
système sur la formation des planètes : « Nous nous refusons
d'autant moins à publier ce que nous avons pensé sur cette
matière, que nous espérons par là mettre le lecteur plus en
état de prononcer sur la grande différence qu'il y a entre
une hypothèse, où il n'entre que des possibilités, et une
théorie fondée sur des faits ; entre un système, tel que nous
allons en donner un dans cet article sur la formation et le
premier état de la terre, et une histoire physique de son état
actuel, telle que nous venons de la donner dans le discours
précédent. » (Tome I, page 129.)

M. Flourens remarque fort bien que c'est l'habitude de
Buffon de mettre toujours un système à côté d'une théorie.
(*Histoire des travaux et des idées de Buffon,* page 56.)

« inégalités de la terre ; ce sont les courants de la
« mer qui ont creusé les vallons et élevé les col-
« lines en leur donnant des directions correspon-
« dantes ; ce sont ces mêmes eaux de la mer qui,
« en transportant les terres, les ont déposées les
« unes sur les autres par lits horizontaux ; et ce
« sont les eaux du ciel qui, peu à peu, détruisent
« l'ouvrage de la mer, qui rabaissent continuelle-
« ment la hauteur des montagnes, qui comblent les
« vallées, les bouches des fleuves et les golfes, et
« qui, ramenant tout au niveau, rendront un jour
« cette terre à la mer, qui s'en emparera successi-
« vement, en laissant à découvert de nouveaux
« continents entrecoupés de vallons et de monta-
« gnes, et tout semblables à ceux que nous habi-
« tons aujourd'hui [1]. »

Cette théorie, connue aujourd'hui sous le nom
de théorie des causes lentes, fut attaquée d'abord
par Deluc [2], et depuis par Cuvier, dans le *Discours
sur les révolutions de la surface du globe*. Cuvier
soutient qu'il n'en est pas de l'histoire naturelle

---

[1] Tome I, page 124.

[2] DELUC, *Lettres physiques et morales sur l'histoire de la
terre et de l'homme*, tome II, page 267.

comme de l'histoire politique, où, quand on connaît bien les révolutions de nos jours et les passions
qui les amènent, on peut aisément comprendre les
agitations qui ont troublé la vie des nations antiques, et changé peu à peu leurs idées et leurs
mœurs. Il croit que la marche de la nature est
changée, le fil des opérations rompu, puisque aucune des forces agissant encore aujourd'hui ne
suffit à expliquer les bouleversements terribles dont
la surface du globe garde l'empreinte[1].

Un des principaux arguments de Cuvier en
faveur des changements soudains de la surface du
globe, c'est la présence, dans le nord de la Sibérie,
des cadavres de grands quadrupèdes saisis par la
glace et conservés jusqu'à nos jours avec leur
chair, leur peau et leur poil. « S'ils n'eussent été
« gelés aussitôt que tués, la putréfaction les aurait
« décomposés ; et d'un autre côté, cette gelée
« éternelle n'occupait pas auparavant les lieux où
« ils ont été saisis ; car ils n'auraient pas pu vivre
« sous une pareille température. C'est donc le
« même instant qui a fait périr les animaux et

[1] Cuvier, *Discours sur les révolutions du globe*, page 17,
éd. Didot.

« qui a rendu glacial le pays qu'ils habitaient. Cet
« événement a été subit, instantané, sans aucune
« gradation ; et ce qui est si clairement démontré
« pour cette dernière catastrophe, ne l'est guère
« moins pour celles qui l'ont précédée.... La vie
« a donc été souvent troublée sur cette terre par
« des événements effroyables. Des êtres vivants
« sans nombre ont été victimes de ces catastro-
« phes ; les uns, habitants de la terre sèche, se sont
« vus engloutis par des déluges ; les autres, qui
« peuplaient le sein des eaux, ont été mis à sec
« avec le fond des mers subitement relevé ; leurs
« races mêmes ont fini pour jamais, et ne laissent
« dans le monde que quelques débris à peine recon-
« naissables pour le naturaliste [1]. »

Malgré la force de ces raisons, un assez grand
nombre de naturalistes, dont le plus illustre est
Charles Lyell, soutiennent encore aujourd'hui la
théorie des causes lentes. Ils font remarquer que
notre croyance à la brusquerie et à la violence des
révolutions antiques tient en grande partie à la
difficulté avec laquelle nous imaginons le temps

[1] CUVIER, *Discours sur les révolutions du globe,* p. 12, éd.
Didot.

immense pendant lequel elles se sont produites. Ils ajoutent que, si quelqu'un abordait l'histoire civile avec des préventions pareilles, par exemple avec l'idée que tous les événements de l'histoire romaine·se sont passés dans l'histoire d'un siècle, ce raccourci altérerait complétement la notion exacte des causes politiques ou morales qui les ont amenés. Il semblerait que les guerres, les changements intérieurs, les œuvres artistiques ou littéraires se pressent avec une rapidité· qui suppose chez les hommes de ce temps une énergie dont rien aujourd'hui ne saurait plus nous donner l'idée[1].

Quant aux cadavres trouvés dans les pays du nord, ils font remarquer que, si les animaux des espèces voisines n'habitent aujourd'hui que les pays chauds, rien ne prouve qu'il en ait été de même des mammouths. Une ressemblance de forme et de structure ostéologique n'entraine nullement une distribution géographique analogue. Les ours, par exemple, habitent toutes les latitudes possibles. Le buffle se plaît dans les contrées chaudes, le bœuf musqué habite des régions

[1] LYELL, *Principes de géologie,* livre I, ch. 5.

arctiques[1]. D'ailleurs la toison épaisse[2] dont le mammouth était revêtu, montre bien qu'il était destiné à vivre sous un climat glacé. Il est donc inutile de supposer un changement brusque qui les ait fait périr, et il est plus simple d'admettre qu'ils aient vécu à un degré de froid insuffisant pour rendre leur existence impossible, tout en étant capable de préserver leurs cadavres de la corruption.

[1] On pourrait multiplier les exemples ; ainsi le lièvre d'Afrique et le lièvre polaire, l'isatis et le chacal, le zèbre et le cheval. On a trouvé des tigres près du lac d'Aral, parfois en Sibérie. (HUMBOLDT, *Fragments de géologie et de climatologie asiatique,* tome II, page 188.)

(EREMPERG, *Ann. des sciences nat.,* tome XXI, page 387).

On en tua un en 1128 au bord de la Lena par 52° 1/2 de latitude nord. (LYELL, *Principes de géologie,* livre I, ch. 6.)

Enfin on y a trouvé une espèce de panthère à long poil. (27 *bis.*)

[2] Un mammouth avait des crins longs de plus de 30 centimètres, d'autres plus fins de 10, enfin une espèce de laine d'environ 25 millimètres.

XV

Rien n'empêche donc encore aujourd'hui de regarder la théorie de Buffon comme vraie dans son ensemble. Mais il faut ajouter que, si elle n'est pas fausse, elle est incomplète ; et c'est un aveu qui doit d'autant moins nous toucher, que ce défaut tient, non à une erreur de méthode ou à un défaut de génie, mais à l'insuffisance des observations dont la science disposait du temps de Buffon. On sait en effet que sa théorie repose sur trois faits principaux : 1° Existence de coquilles ou de squelettes d'animaux marins par toute la terre, et même dans les lieux les plus éloignés de la mer [1] ;

2° Disposition de toutes les matières qui com-

[1] Tome I, page 76.

posent la terre en couches horizontales et parallèles[1] ;

3° Correspondance des angles saillants et des angles rentrants opposés les uns aux autres dans les montagnes voisines[2].

Or, ces trois faits sont faux, ou du moins ils sont bien loin d'avoir le caractère universel que Buffon leur attribue. Il n'est pas vrai que l'on trouve partout des débris marins. Buffon en convient lui-même plus tard dans les *Époques de la nature*. « J'étais persuadé, dit-il, par l'autorité de « Woodward et de quelques autres naturalistes, « que l'on avait trouvé des coquilles au-dessus des « sommets de toutes les montagnes ; au lieu que, « par des observations plus récentes, il paraît qu'il « n'y a pas de coquilles sur les plus hauts som- « mets... ; d'où il résulte que la mer n'a peut-être « pas surmonté ces hauts sommets[3]. » Il n'est pas vrai non plus que toutes les couches terrestres soient horizontales ou parallèles. Quand Buffon écrivit cette phrase on ne connaissait pas encore

[1] Tome I, page 75.
[2] Tome I, page 73.
[3] Tome V, page 321. (*Suppléments.*)

bien la structure des hautes montagnes, qui ne fut
étudiée que plus tard par Pallas, Deluc et Saus-
sure. Enfin, la troisième assertion de Buffon sur
la correspondance des angles des montagnes ne
souffre guère moins d'exceptions que les deux premières, surtout dans les chaînes granitiques et
même dans les montagnes secondaires [1].

Il semble que le système sur la formation des
planètes ait réagi sur les idées de Buffon touchant
la théorie de la terre. Le globe lui avait semblé
tout entier l'ouvrage des eaux. Le système attira
son attention sur les forces ignées, qui jouent un
si grand rôle dans la formation et la disposition
des couches terrestres. Il conçut, comme Descartes
et comme Leibniz, que le globe avait primitivement été une sphère liquide et incandescente, ren-
flée à l'équateur et aplatie aux pôles par l'effet de
la rotation. Cette masse ardente, perdant graduelle-
ment sa chaleur, se gerça, se boursoufla à la surface
comme un métal fondu qui se solidifie ; de là, les
principales irrégularités de sa surface. Les vapeurs
condensées se précipitèrent enfin sur la terre refroi-
die ; les montagnes s'affaissent peu à peu ; les ca-

[1] PALLAS, *Observations sur la formation des montagnes.*

vernes se comblent par des écoulements répétés des terres voisines ou par l'action de l'Océan ; enfin, les eaux commencent le travail lent et continu qui amène peu à peu la terre à l'état où nous la voyons.

Quelle est maintenant l'origine de ce globe de matières incandescentes dont s'est formée notre planète ? « Ne peut-on pas imaginer, dit Buffon, « avec quelque sorte de vraisemblance, qu'une « comète, tombant sur la surface du soleil, aura « déplacé cet astre, et qu'elle en aura séparé quelques « petites parties auxquelles elle aura communiqué « un mouvement d'impulsion dans le même sens « et par un même choc, en sorte que les planètes « auraient autrefois appartenu au corps du soleil, « et qu'elles en auraient été détachées par une « force impulsive commune à toutes, qu'elles con- « servent encore aujourd'hui [1] ? »

Cette idée de Buffon est de beaucoup la moins heureuse de tout son système. Ce qu'il y a de piquant, c'est qu'il raille Whiston d'avoir eu à peu près la même idée et « d'avoir expliqué par la queue

[1] Tome I, page 133.

« d'une comète tous les changements survenus au
« globe terrestre[1] ».

Buffon semble pourtant très-fier de son hypothèse. Il prétend que le système de Leibniz aurait
acquis un grand degré de généralité et de probabi-
lité s'il se fût élevé à cette idée. Soyons justes
cependant pour lui, et pardonnons-lui cette préten-
tion innocente. Remarquons plutôt, à sa louange,
qu'il ne perdit jamais de vue le vrai caractère de
son système, qu'il ne cessa d'appeler *une fable ou
un roman physique* ; qu'il ne prétendit pas, comme
beaucoup de ses prédécesseurs, faire passer un livre
d'imagination pour une œuvre de science. « Quel-
« que grande, disait-il, que soit à mes yeux la vrai-
« semblance de ce que j'ai dit jusqu'ici sur la for-
« mation des planètes, comme chacun a sa mesure,
« surtout pour estimer des probabilités de cette
« nature...., je ne prétends pas contraindre ceux
« qui n'en voudront rien croire[2]. »

[1] Tome I, page 196.
[2] Tome I, page 153. Il dit encore en parlant de l'air géométrique avec lequel Whiston présentait son système : « Je pense
que des hypothèses, quelque invraisemblables qu'elles soient,
ne doivent point être traitées avec cet appareil qui tient un
peu de la charlatanerie. » (Tome I, page 167.)

Le système de Buffon eut au moins le mérite d'attirer son attention sur les forces ignées, qui ont concouru avec les eaux à la formation de la terre. Ses idées suivirent dès lors une progression constante; il les rectifia peu à peu d'après les recherches nouvelles, fidèle jusqu'au bout aux principes de la vraie méthode, qui prescrit d'ajuster les hypothèses aux faits, au lieu de prétendre plier les faits vers les hypothèses. Les *Époques de la nature,* dernière œuvre de la vieillesse de Buffon, nous donnent maintes preuves de sa docilité aux progrès de la science. C'est la théorie de la terre complétée par les grandes vues du système, mise au courant des découvertes nouvelles, dégagée de ses principales erreurs, plus sage, sans être moins hardie. Buffon y reconnaît de bonne foi ses erreurs.

« Lorsque j'ai composé, en 1774, mon *Traité de*
« *la théorie de la terre,* je n'étais pas aussi instruit
« que je le suis actuellement, et l'on n'avait pas
« fait des observations par lesquelles on a reconnu
« que les sommets des plus hautes montagnes sont
« composés de granit et de roc vitrescible, et qu'on
« ne trouve point de coquilles sur plusieurs de ces
« sommets; cela prouve que ces montagnes n'ont

« pas été formées par les eaux, mais produites par
« le feu primitif, et qu'elles sont aussi anciennes
« que le temps de la consolidation du globe[1]. »

[1] Tome V, page 535. (*Suppléments.*)
Buffon a cependant encore le tort de croire toutes les
montagnes primitives contemporaines. Il eût fallu, pour
que sa théorie fût tout à fait juste, qu'il eût conçu le bou-
leversement successif des diverses chaînes.

XVI

Non content de signaler d'une manière générale les changements qui ont altéré la surface de la terre, Buffon entreprend, dans les *Époques de la nature,* de les décrire séparément et d'en fixer la date relative, en empruntant à l'étude des couches terrestres les éléments de cette étrange chronologie. « Comme dans l'histoire civile on consulte « les titres, on recherche les médailles, on déchiffre « les inscriptions antiques pour déterminer les « époques des révolutions humaines et constater « les dates des événements moraux, de même dans « l'histoire naturelle il faut fouiller les archives « du monde, tirer des entrailles de la terre les « vieux monuments, recueillir leurs débris et ras- « sembler en un corps de preuves tous les indices « des changements physiques qui peuvent nous

« faire remonter aux différents âges de la nature.
« C'est le seul moyen de fixer quelques points
« dans l'immensité de l'espace, et de placer un cer-
« tain nombre de pierres numéraires sur la route
« éternelle du temps [1]. »

Voici les sept époques que Buffon croit pouvoir
établir :

1re *époque*. — Lorsque la terre et les planètes ont
pris leur forme ;

2e *époque*. — Lorsque la matière, s'étant conso-
lidée, a formé la roche intérieure du globe,
ainsi que les grandes masses vitrescibles qui
sont à sa surface ;

3e *époque*. — Lorsque les eaux ont couvert nos
continents ;

4e *époque*. — Lorsque les eaux se sont retirées
et que les volcans ont commencé d'agir ;

5e *époque*. — Lorsque les éléphants et les autres
animaux du Midi ont habité les terres du Nord ;

6e *époque*. — Lorsque s'est faite la séparation
des continents ;

7e *époque*. — Lorsque la puissance de l'homme
a secondé celle de la nature.

[1] Tome V, page 1. (*Suppléments.*)

La science a plus d'une objection à faire à la division adoptée par Buffon. Elle signale plus d'une
erreur dans les faits sur lesquels il a cru pouvoir
s'appuyer. Qu'il lui reste du moins la gloire d'avoir
vu que la terre a eu des époques distinctes, et que
la science peut et doit les déterminer.

Des sept époques successivement décrites par
Buffon, celle qui nous intéresse le plus est la dernière, qui contient l'histoire conjecturale du premier âge de l'humanité. Jamais Buffon ne poussa
plus loin l'art merveilleux de grouper les faits, de
tirer des plus faibles indices les conjectures les plus
vraisemblables, de donner à une hypothèse, disons
mieux, à un roman la suite et la précision d'une
description véritable. Des analogies, des vraisem-
blances le guident dans ces ténèbres où s'éteignent
même les faibles lumières des traditions antiques.
Jamais un doute ne l'arrête dans ses inductions
audacieuses. Un historien pourvu de documents
nombreux et authentiques n'écrirait pas l'histoire
contemporaine avec plus d'assurance que Buffon
n'en trouve pour conter cette histoire fabuleuse,
dont son imagination puissante a créé tous les événements.

XVII

Il ne faisait, du reste, que suivre d'une démarche
plus assurée la voie où un grand poëte l'avait
précédé. Lucrèce avait entrepris, au cinquième
livre du poëme de la *Nature,* de décrire la vie des
premiers hommes, leurs arts grossiers, leur industrie naissante. Il y a dans la description de Lucrèce
bien des traits singuliers et des détails invraisemblables. Il est bien éloigné de faire illusion comme
Buffon. Il ne sait point, comme lui, donner un
grand air de vérité à ses conjectures en y mêlant
des faits authentiques. « Il expose sans scrupule
un système préconçu, sans se douter qu'il y ait
une méthode pour arriver à la vérité », et s'imagine trop souvent, dans l'aveuglement de sa foi
philosophique, que le plus irrésistible moyen de

persuasion est une affirmation hautaine[1]. Quel tableau pourtant que ce livre de Lucrèce! Comme le poëte a su rendre le caractère à la fois terrible et charmant de cette première vie, qui ne jouissait point des bienfaits de la civilisation, mais qui n'en connaissait pas non plus les entraves! Comme on s'intéresse à ces rudes enfants d'une terre inclémente; comme on suit leurs luttes contre les bêtes féroces, contre la nature brute, dont ils brisent peu à peu la résistance, adoucissant les fruits sauvages à force de ménagements et de tendres soins, contre les forêts qu'ils forcent à reculer vers les montagnes! Quoi de plus touchant que l'origine assignée par Lucrèce aux premières sociétés et aux humbles essais du langage? Ces caresses des petits enfants amollissant peu à peu le cœur farouche des pères[2], cette convention tacite en faveur de la grâce et de la faiblesse[3]. L'anarchie crée les premières lois, l'ambition les premiers chefs, le caprice ou la

[1] MARTHA, *le Poëme de Lucrèce*, 297.
[2] .... *Puerique parentum*
    Blanditiis facile ingenium fregere superbum.

(V. 1016, 17.)

[3] *Imbecillorum esse æquum misererier omneis.*

violence la première propriété, la terreur les premières religions. L'airain, puis le fer [1] fournissent
à la fois les outils par lesquels la vie devient plus
facile, et les armes qui rendent la guerre plus
meurtrière. Les loisirs de la vie pastorale, le chant
des oiseaux, la gaîté des festins rustiques, ensei-
gnèrent peu à peu aux hommes la musique et les
danses grossières [2]. Les longs repos et les douces
causeries sur l'herbe, à l'ombre des grands arbres,
les chansons et les danses des bergers couronnés
de feuillage, tout cela forme une peinture pleine
de fraicheur, de poésie et d'une grâce un peu sauvage que l'on chercherait en vain dans le grave et
majestueux Buffon.

Celui-ci du reste rachète cette infériorité, si c'en
est une, par des qualités différentes, une précision
admirable, une subtilité et tout ensemble une vigueur de raisonnement qui étonne, un art incom-

---

[1] *Arma antiqua manus, ungues dentesque fuerunt.*

  Et lapides, et item silvarum fragmina rami.

  Et prior aeris erat, quam ferri cognitus usus.

On voit que Lucrèce semble indiquer déjà la succession
des trois âges, de pierre, de bronze, de fer, reconnus par
les archéologues modernes.

[2] Vers 1374 et suivants.

parable de présenter les hypothèses les plus hasardeuses comme des généralisations légitimes de l'expérience. Il peint avec une sorte de majesté sombre qui rappelle l'accent de Pline[1], les premiers habitants du globe « tremblants sur une terre qui « tremblait sous leurs pieds, nus d'esprit et de « corps, exposés aux injures de tous les éléments, « victimes de la fureur des animaux féroces, dont « ils ne pouvaient éviter de devenir la proie; tous « également pénétrés du sentiment commun d'une « terreur funeste, tous également pressés par la « nécessité ». Il devance les découvertes de l'archéologie moderne, lorsqu'il parle de leurs premières industries. « Ils ont commencé par aiguiser « en forme de haches ces cailloux durs, ces jades, « ces pierres de foudre que l'on a crues tombées « des nues et formées par le tonnerre, et qui néan- « moins ne sont que les premiers monuments de « l'art de l'homme dans l'état de pure nature.... Il « a aiguisé d'autres petits cailloux pour en armer « la flèche. » Il indique, avec plus de discrétion que Lucrèce, mais avec une égale éloquence, l'ori-

---

[1] *Hominem tantum nudum, et in cruda humo, natali de abjicit.* (Hist. nat., VII, 1.)

gine des antiques superstitions. « Ces premiers
« hommes, profondément affectés des calamités de
« leur premier état, et ayant encore sous leurs yeux
« les ravages des inondations, les incendies des
« volcans, les gouffres ouverts par les secousses de
« la terre, ont conservé un souvenir durable et
« presque éternel de ces malheurs du monde... La
« vue de ces combats de la terre contre le ciel,
« fondement de la fable des Titans et de leurs as-
« sauts contre les dieux, l'opinion de l'existence
« réelle d'un être malfaisant, la crainte et la supers-
« tition qui en sont le premier produit : tous ces
« sentiments, fondés sur la terreur, se sont dès
« lors emparés à jamais du cœur et de l'esprit de
« l'homme. A peine est-il encore aujourd'hui ras-
« suré par l'expérience des temps, par le calme qui
« a succédé à ces siècles d'orage, enfin par la
« connaissance des effets et des opérations de la
« nature. »

Buffon, plus hardi en cela que Lucrèce, croit
pouvoir indiquer la patrie des premières sociétés.
C'est dans les contrées septentrionales de l'Asie
qu'il croit la trouver. C'est dans cette terre privi-
légiée, « à l'abri des inondations, éloignée des vol-

« cans, plus élevée et, par conséquent, plus ancien-
« nement tempérée que les autres...., que s'est
« formé le premier peuple digne de porter ce nom,
« digne de tous nos respects, comme créateur des
« sciences, des arts et de toutes les institutions
« utiles ».

XVIII

C'est sans doute le mémoire de Pallas sur les ossements fossiles de Sibérie (1769) qui inspira à Buffon son idée du refroidissement graduel de la terre. Il crut du moins y trouver la preuve certaine d'un fait qu'il avait dû concevoir déjà comme conséquence de l'origine ignée qu'il assignait à la terre. Comment expliquer autrement que par une haute température des régions polaires le fait de ce rhinocéros conservé tout entier dans la terre gelée avec sa peau et sa chair ?

Buffon se fût moins hâté de conclure s'il eût su que ces fossiles du Nord appartenaient tous à des espèces aujourd'hui perdues. Cette conjecture hardie de la disparition de certaines espèces s'était cependant présentée à son esprit. « Tout semble

« démontrer, dit-il dans les *Époques de la nature,*
« qu'il y a eu des espèces perdues, c'est-à-dire des
« animaux qui ont autrefois existé et qui n'existent
« plus[1]. » Mais la science de l'anatomie comparée
était alors trop peu avancée pour que l'on pût
vérifier cette hypothèse, et Buffon la regardait sans
doute comme trop hasardeuse pour en tenir compte
dans ses théories.

Il faut faire ici une remarque qui s'est sans doute
présentée déjà à l'esprit du lecteur, c'est que les
erreurs de Buffon ne viennent presque jamais d'un
défaut de logique, d'une interprétation inexacte
des faits. Il sait, aussi bien qu'homme du monde,
les conditions impérieuses de la méthode scientifique. Il les observe fidèlement ; ses raisonnements
sont d'une justesse parfaite ; et si la conclusion est
fausse, l'erreur tient aux prémisses, c'est-à-dire
aux observations qu'il a dû accepter sans les con-
trôler, aux informations incomplètes que la science
de son temps lui offrait.

[1] Tome V, page 27. (*Suppléments.*)
On peut remarquer que la même idée s'était déjà présentée à lui lorsqu'il composait la théorie de la terre. « Il
peut se faire, disait-il, qu'il y ait eu de certains animaux
dont l'espèce a péri. » (Tome I, page 290.)

XIX

Un autre exemple bien frappant de ces erreurs dans lesquelles un grand esprit est entraîné par les connaissances inexactes de ses contemporains, c'est le raisonnement par lequel Buffon croit établir l'existence, antérieure aux temps historiques, d'un grand peuple sage, heureux et savant, au nord de l'Asie centrale. « Cette vérité, dit-il, nous est éga-
« lement démontrée par les monuments de l'his-
« toire naturelle et par les progrès presque incon-
« cevables de l'ancienne astronomie. Comment des
« hommes si nouveaux ont-ils pu trouver la pé-
« riode *lunisolaire* de six cents ans....? Pour se
« douter de cette période, il fallait au moins douze
« cents ans d'observations. Pour l'assurer comme
« certaine, il en a fallu plus du double. Voilà donc

« déjà trois mille ans d'études astronomiques.....
« L'invention de la formule d'après laquelle les
« Indiens calculent les éclipses suppose autant de
« science que la construction de nos éphémérides ;
« et cependant ces mêmes Indiens n'ont pas la
« moindre idée de la composition de l'univers.....
« Ils calculent les éclipses sans en connaître la
« théorie, guidés comme des machines par une
« gamme fondée sur des formules savantes qu'ils
« ne comprennent pas, et que probablement leurs
« ancêtres n'ont point inventées..... Ces formules
« ne sont entre leurs mains que des méthodes de
« pratique ; mais elles supposent des connaissances
« profondes dont ils n'ont pas les éléments, dont
« ils n'ont pas même conservé les moindres ves-
« tiges, et qui, par conséquent, ne leur ont jamais
« appartenu. Ces méthodes ne peuvent donc venir
« que de cet ancien peuple savant. »

L'hypothèse de Buffon, fondée sur des raisons
en apparence si solides, fut acceptée à peu près par
tous les savants, et le public l'accueillit avec une
faveur marquée. Chose étrange ! la partie la plus
fragile peut-être de son œuvre fut aussi celle qui
souleva le moins d'objections. Bailly reprit la même

idée dans ses *Lettres sur les sciences,* l'appuya de
nouvelles raisons et en accrut encore la popularité.
Par une contradiction singulière, ce xviiie siècle,
si content de lui-même, si plein de foi au progrès
indéfini de l'humanité, se complut dans cette chi-
mère d'un premier âge heureux, savant et pacifi-
que. On a beau répéter que l'âge d'or est devant
nous, c'est toujours en arrière que nous le cherchons. Est-ce une tradition ou un retour involontaire sur notre propre vie? Nous nous plaisons à
penser que l'enfance de l'humanité a été aussi son
âge de bonheur et d'innocence. L'avenir est pour
nous un objet de curiosité plus que d'envie. Les
inventions merveilleuses qui doivent l'embellir ne
remplacent point la jeunesse perdue. L'heure qui
vient ne vaut point l'heure qui s'en va. Le passé
est la patrie de l'idéal; chacun l'embellit à son gré
de ce qu'il aime ou de ce qu'il admire; et l'on
pourrait décrire les goûts et l'esprit d'un siècle
d'après l'âge d'or qu'il a rêvé.

Les contemporains de Buffon étaient trop satisfaits d'eux-mêmes et du temps où ils vivaient pour
faire de leur âge d'or autre chose qu'un xviiie siècle
idéal. Ils l'imaginaient volontiers comme une so-

ciété élégante et spirituelle, éprise des sciences sans
rien perdre de sa politesse, une sorte d'Arcadie
souriante comme un paysage de Watteau, peuplée
de bergers spirituels et astronomes tout ensemble,
comme Fontenelle avait su l'être, comme Bailly
l'était encore, le bon et candide Bailly dont un
réveil terrible allait bientôt faire envoler les rêves;
triste souvenir que l'on voudrait en vain écarter,
pour sourire plus longtemps aux chimères de cette
société charmante !

XX

L'hypothèse de Buffon ne survécut pas longtemps au siècle qui l'avait applaudie. La science en
ruina les principaux fondements, en attribuant les
fossiles du Nord à des espèces perdues et en démon-
trant que l'influence de la chaleur propre de la terre
est presque nulle à la surface si on la compare à
celle du soleil [1]. C'est le sort réservé aux hommes
qui inaugurent une science nouvelle, de se voir
bientôt dépassés par ceux-là mêmes auxquels ils
ont ouvert la carrière et d'avoir à redouter le pro-

[1] « Fourrier évalue l'effet thermométrique que la chaleur
centrale produit à la surface du globe à $1/30$ de degré au
plus. Il n'y a donc pas lieu de craindre la congélation générale, dont Buffon nous menace, quand toute cette chaleur
sera dissipée. » (Voir une notice d'Arago dans l'*Annuaire
du Bureau des longitudes*, 1834.)

grès qu'ils appellent de tous leurs vœux et hâtent de tous leurs efforts. Il serait triste de penser cependant que de si grands travaux n'ont pas laissé une trace; et heureusement il n'en est pas ainsi. Si l'on me demande ce que le temps a respecté des travaux de Buffon sur l'histoire de la terre (j'entends les vues générales où se révèle le génie), je répondrai avec Cuvier : « Il a donné par ses hypo-« thèses mêmes une grande impulsion à la géologie; « il a le premier fait sentir généralement que l'état « actuel du globe est le résultat d'une succession « de changements dont il est possible de saisir les « traces; et il a rendu tous les observateurs atten-« tifs aux phénomènes d'où l'on peut remonter à « ces changements. » Ses erreurs mêmes ont été, après lui, fécondes en vérités, puisqu'elles ont éveillé la curiosité et attiré l'attention sur des faits demeurés jusqu'alors dans l'oubli.

Si même rien ne restait debout dans la théorie de Buffon, il faudrait l'admirer encore comme un modèle incomparable de l'art d'évoquer le passé, de faire revivre les choses anciennes, d'en rassembler les rares et précieux débris. On y étudierait cet art de subjuguer le lecteur par une suite de rai-

sonnements dont chacun renchérit sur celui qui
précède et le fortifie en le dépassant. On s'éton-
nerait surtout de cette imagination puissante qui
semble voir tout ce qu'elle conçoit, qui désarme la
critique, inquiète le scepticisme même et lui arrache
le mot fameux de Hume : « Cet homme donne à
des choses que nul œil humain n'a vues une pro-
babilité presque égale à l'évidence. »

XXI

Quand Buffon n'aurait écrit que la *Théorie de la terre* et les *Époques de la nature,* sa gloire scientifique et littéraire ne craindrait rien du temps et de l'oubli. Ce ne sont pourtant pas ces deux ouvrages qui ont le plus contribué à sa renommée. Les événements qu'il y décrit sont trop éloignés de nous, trop différents de ceux qui frappent d'ordinaire les yeux, pour intéresser vivement l'imagination de la plupart des hommes. D'ailleurs, les longues suites de raisons qui conduisent à ses grandes théories exigent une continuité d'attention dont le vulgaire n'est guère capable; et si on les lit par fragments, on perd de vue cet enchaînement merveilleux de raisonnements et d'observations qui donne à ses tableaux une réalité si puissante.

L'histoire des animaux, plus accessible à tous les lecteurs, plus familière et plus maniable, devait surtout rendre la gloire de Buffon populaire. Elle nous entretient de sujets d'un intérêt moins élevé, mais plus vif peut-être ; elle s'adresse à l'ignorant curieux, autant peut-être qu'au savant et au philosophe. Elle abonde en détails intéressants, en descriptions brillantes, et par sa variété infinie permet à l'écrivain de déployer toutes les qualités de son esprit et de son style.

Buffon semble s'être complu surtout dans ce côté descriptif de l'histoire naturelle, qui offrait une si riche matière à son éloquence. Il dédaigna un peu trop cette partie de la science, secondaire sans doute, mais pourtant indispensable, qui comprend l'examen comparé des diverses espèces et leur distribution méthodique suivant les ressemblances principales. Tout entier à la description, il négligea la méthode ; et, non content de s'en affranchir, il la jugea inutile. Dans la science, comme dans le style, il faisait volontiers bon marché des qualités qui lui manquaient. Il jugea qu'il y avait de l'audace et de la grandeur à aborder un sujet immense sans un plan préconçu, à mar-

cher hardiment sans tracer sa route, contemplant
la nature et la décrivant, à mesure qu'elle s'offrait
à lui. Il faut l'entendre exposer sa méthode. Il
suppose un ignorant s'éveillant tout neuf pour les
objets qui l'environnent. Il le place dans une cam-
pagne « où les animaux, les oiseaux, les poissons
« les plantes, les pierres, se présentent successive-
« ment à ses yeux ». Cet homme distingue d'abord
la matière animée et la matière non animée, les
plantes, les animaux, les quadrupèdes, les oiseaux
et les poissons. « Voilà ce que la simple inspection
« doit nécessairement lui donner, et ce qu'avec une
« très-légère attention il ne peut manquer de re-
« connaitre ; c'est aussi ce que nous devons regar-
« der comme réel, et que nous devons respecter
« comme une division donnée par la nature même.
« Ensuite mettons-nous à la place de cet homme,
« ou supposons qu'il ait acquis autant de connais-
« sances et qu'il ait autant d'expérience que nous
« en avons ; il viendra à juger les objets de l'histoire
« naturelle par les rapports qu'ils auront avec lui.
« Ceux qui lui seront les plus nécessaires, les plus
« utiles, tiendront le premier rang ; par exemple, il
« donnera la préférence, dans l'ordre des animaux,

« au chien, au bœuf ; et il connaîtra toujours mieux
« ceux qui lui seront les plus familiers. Ensuite il
« s'occupera de ceux qui, sans lui être familiers,
« ne laissent pas que d'habiter les mêmes lieux,
« les mêmes climats, comme les cerfs, comme les
« liévres et tous les animaux sauvages ; et ce ne
« sera qu'après toutes ces connaissances acquises,
« que sa curiosité le portera à rechercher ce que
« peuvent être les animaux des climats étrangers,
« comme les éléphants, les dromadaires, etc. Il en
« sera de même..... pour les autres productions
« de la nature. Il les étudiera à proportion de
« l'utilité qu'il en pourra tirer ; il les considérera à
« mesure qu'elles se présenteront plus familière-
« ment ; il les rangera dans sa tête relativement à
« cet ordre de ses connaissances, parce que c'est en
« effet l'ordre selon lequel il les a acquises, et selon
« lequel il importe de les conserver. Cet ordre, le
« plus naturel de tous, est celui que nous avons
« cru devoir suivre ; notre méthode de distribu-
« tion n'est pas plus mystérieuse que ce qu'on
« vient de voir[1]. »

[1] Tome I, page 31.

XXII

Tout artificielle qu'était une pareille méthode,
Buffon la trouvait plus naturelle que toutes les
autres alors en usage ; peut-être aussi pensait-il que
c'était diminuer la majesté de la nature et en méconnaître la variété infinie, que d'y marquer ainsi
des divisions précises et symétriques. Il estime,
quant à lui, que la vraie méthode est l'histoire
exacte de chaque chose en particulier[1] ; il ne voit
dans toutes celles dont se servent les naturalistes,
que des conventions, un langage arbitraire et un
moyen de s'entendre dont il ne peut résulter aucune connaissance nouvelle ; « ne serait-il pas plus
« simple, dit-il, plus naturel et plus vrai, de dire
« qu'un âne est un âne, et un chat un chat, que
« vouloir, sans savoir pourquoi, qu'un âne soit un

[1] Tome I, page 24.

« cheval et un chat un loup-cervier[1]? » Sa mauvaise humeur contre les méthodes l'emporte au point de lui faire oublier le vrai sens et la portée de cet utile procédé. Il a l'air d'oublier ou plutôt il feint de ne pas comprendre l'usage des naturalistes, qui conviennent de donner aux genres le nom d'une des espèces principales qu'ils contiennent ; aussi s'indigne-t-il fort mal à propos contre les naturalistes impertinents qui classent l'homme avec le singe et font du roi des animaux un chat à crinière et à queue longue. « N'est-ce pas (s'écrie-« t-il) dégrader, défigurer la nature, au lieu de la « décrire ou de la dénommer[2]? » Il soutient ce paradoxe étrange, qu'il vaudrait mieux « faire suivre « le cheval, qui est solipède, par le chien, qui est « fissipède, et qui a coutume de le suivre en effet, « que par un zèbre, qui nous est peu connu et qui « n'a peut-être d'autre rapport avec le cheval que « d'être solipède[3] ».

[1] Tome I, page 40.
[2] Tome IX, page 10.
Daubenton relève avec vivacité la méprise de Buffon et l'accuse de n'avoir pas entendu la méthode de Linnée. (Séances des écoles normales ; tome I, page 233.)
[3] Tome I, page 36.

XXIII

L'injuste dédain de Buffon pour les méthodes
lui attira tout d'abord de nombreuses critiques et
provoqua des réponses vives et quelquefois mor-
dantes ; celle de Malesherbes se distingua entre
toutes par une urbanité qui n'ôtait rien à la vigueur de la réplique. Malesherbes fit observer,
avec justesse, qu'il y a dans la nature des classes
réellement séparées de toutes les autres ; que cette
division ne part pas de la fantaisie d'un nomen-
clateur, qui aurait imposé arbitrairement un nom
commun à des animaux rapprochés par quelques
ressemblances particulières ; mais que c'est la nature elle-même qui a lié par une foule de ressemblances les animaux de ces classes [1].

[1] MALESHERBES, *Observations sur l'histoire naturelle*, tome I,
page 9.

Sans doute une classification ne saurait jamais comprendre tous les rapports des êtres ; il suffit, pour qu'elle soit naturelle, qu'elle tienne compte des principaux et que les groupes dont elle se compose donnent lieu à des propositions générales plus nombreuses et plus importantes que ne le feraient les autres groupes formés des mêmes objets. Comment méconnaître l'utilité d'une classification établie selon ces principes ? Quelle clarté, quelle concision n'apporte-t-elle pas dans la science? Il faudrait une description d'une longueur presque infinie, pour nous apprendre ce que nous savons, dès que nous connaissons simplement la place qu'un être occupe dans une pareille classification. Quelques mots suppléent ainsi à des pages entières, et l'esprit est ainsi délivré des répétitions fastidieuses que toute autre méthode entraîne nécessairement.

C'est en vain que l'on attaque la valeur des classifications naturelles, en soutenant que les divisions des classes sont toujours plus ou moins confuses et arbitraires. On conçoit très-bien des classes parfaitement fixées, sans que leur limite extérieure soit déterminée avec une précision rigoureuse ; ce qui constitue la classe, ce sont les qualités qui appartiennent éminemment aux êtres qui en font partie sans conteste, et non l'exclusion absolue des êtres qui possèdent ces qualités à un moindre degré ou qui même en sont dépourvus. Chaque classe est caractérisée par son point central, par son type le plus accompli, et non point par une définition toujours incomplète et provisoire. Les espèces dont la place est incertaine n'empêchent pas les autres de se grouper naturellement autour du type dont elles se rapprochent le plus, de même que les maisons éparses entre deux villes n'empêchent pas de parler de ces deux villes comme de deux touts très-réellement distincts.

L'esprit de Buffon était trop juste et trop ouvert pour que ces considérations ne finissent point par dissiper ses préventions à l'égard de la méthode. Lorsqu'après avoir décrit les animaux domestiques dans un ordre tout à fait arbitraire, il passa à l'étude des animaux sauvages, il fit une première concession à ces méthodes tant décriées, en rapprochant, autant que possible, les espèces semblables, en mettant le chevreuil près du daim, la martre près de la fouine. Enfin lorsqu'il arriva aux quadru-

manes, « il fut obligé, par leurs nombreux points
« de ressemblance, d'établir des divisions entre ces
« animaux, de former des genres et d'indiquer les
« caractères des espèces. La même nécessité se fit
« sentir dans l'histoire des oiseaux. Aussi cette
« histoire est-elle presque entièrement distribuée
« d'une manière méthodique ; il y a des familles,
« des genres, qui sont aussi bien faits que ceux des
« autres méthodistes. On peut donc dire que
« Buffon, sans l'avouer, a réfuté lui-même les dé-
« clamations qu'il a répandues contre les méthodes
« dans ses divers écrits [1]. »

[1] CUVIER, *Histoire des sciences naturelles,* tome IV, page 164.
Buffon dit lui-même en commençant l'histoire des oiseaux :
« Au lieu de traiter les oiseaux un à un, c'est-à-dire par
« espèces distinctes et séparées, je les réunirai plusieurs
« ensemble sous un même genre. » (*Oiseaux,* tome I,
page 20.)

XXIV

Ces théories sur la classification ne sont pas une simple question de logique; elles se rattachent à un problème qui intéresse au plus haut point la science et la philosophie, le problème de la nature et de l'origine des espèces. Il est aisé de saisir le lien des deux questions. Si, en effet, il n'y a point dans la nature de types permanents représentés successivement par les individus d'une même espèce; si les caractères qui paraissent, au premier abord, immuables, vont s'altérant sans cesse par la suite des générations, il est évident que nos classifications doivent être regardées comme des procédés arbitraires, comme d'ingénieux instruments scientifiques que l'homme a construits et qu'il peut refaire à son gré, à moins qu'il n'aime mieux s'en affranchir. Si, au contraire, l'ordre apparent de la nature est l'expression du plan mystérieux conçu tout d'abord par l'intelligence suprême, si les espèces, au lieu d'être des divisions arbitraires, sont vraiment les catégories de la pensée divine, la science devra respecter ces grandes divisions fondées sur la nature même des choses, remonter des espèces aux types plus généraux dont elles sont les expressions diverses, rattacher ces types aux grandes formes primitives dont toutes les autres sont sorties comme les rameaux d'un tronc commun. Ce grand problème divisa jadis Aristote et Platon. Il s'agitait encore sous les débats, si vains en apparence, des philosophes scolastiques, au sujet des *universaux.* Il occupe aujourd'hui les esprits à propos des théories ingénieuses et hardies de Darwin ; lutte étrange où le vaincu espère toujours une revanche prochaine, où le vainqueur reste douteux et inquiet au milieu même de la victoire. Il est près des frontières des grands États des lieux prédestinés par leur importance stratégique à servir de champ de bataille ; les générations viennent, l'une après l'autre, s'y heurter. D'une lutte à l'autre les armes se sont perfectionnées, la tactique

est devenue plus savante ; mais le courage est égal
et les chances continuent à se balancer. Il est de
même, dans les vastes domaines de la philosophie,
des positions décisives, que les systèmes se dispu-
tent avec des armes sans cesse renouvelées, qui
leur assurent tour à tour une victoire précaire.

XXV

L'esprit hardi et philosophique de Buffon devait
l'entrainer dans cette lutte. Il y entra sans opinion bien arrêtée, combattant un peu au hasard, et
changeant volontiers de parti. Dans cette question,
comme dans celle des classifications, son esprit,
docile à la critique et à l'expérience, passa par des
phases diverses, mais en s'approchant de plus en
plus de la vérité.

Il avait d'abord été frappé des altérations profondes que le climat, la nourriture et la domesticité entrainent chez les animaux. Il avait surtout
étudié ces changements dans les espèces le plus
anciennement soumises à la domesticité : les brebis, la chèvre, le bœuf, le chien. Quelle différence
du mouflon, cet animal grand, vigoureux et brave,

ne craignant ni le froid de l'hiver, ni la dent du loup, et notre brebis, si faible, si délicate, n'ayant rien gardé des anciennes qualités de sa race « qu'un « peu de vivacité, mais si douce, qu'elle cède en- « core à la houlette d'une bergère[1] ». Le chien a subi des transformations encore plus variées et plus profondes. On en voit de toutes les formes, de toutes les tailles, de toutes les couleurs; leur voix même a subi des mutations singulières : « il « semble que le chien soit devenu criard avec « l'homme, qui, de tous les êtres qui ont une lan- « gue, est celui qui en use et abuse le plus[2] ».

En étudiant ces transformations, Buffon aurait dû être frappé de ce fait, que, si étendues qu'elles puissent être, elles ont pourtant des limites qu'elles ne sauraient dépasser. Les qualités extérieures, les proportions des organes sont seules altérées. L'organisation elle-même, la structure interne, restent constantes. De plus ces altérations limitées n'ont

[1] Tome XIV, page 139. Les qualités physiques du mouflon se sont également modifiées; son poil rude s'est changé en une laine fine; sa queue s'est chargée de graisse, ses cornes se sont raccourcies.

[2] Tome XIV, page 323.

rien de constant et disparaissent bien vite avec les circonstances qui les ont amenées. Rendus à la liberté, les chiens cessent d'aboyer, les chevaux reprennent leur instinct de vivre en troupes sous un chef. Ils reviennent à une taille moyenne, à une couleur uniforme [1]. L'homme peut donc tout sur les variétés ; il ne peut rien sur les espèces.

Cette distinction avait d'abord échappé à Buffon ; par une induction précipitée il conclut d'abord des variétés aux espèces elles-mêmes : « Après le coup « d'œil que l'on vient de jeter sur ces variétés, qui « nous indiquent les altérations particulières de « chaque espèce, il se présente, dit-il, une consi-« dération plus importante et dont la vue est bien « plus étendue, c'est celle du changement des es-« pèces mêmes, c'est cette dégénération plus an-« cienne et de tout temps immémoriale, qui parait « s'être faite dans chaque famille ou, si l'on veut, « dans chacun des genres, sous lesquels on peut « comprendre les espèces voisines et peu différentes

[1] FLOURENS, *Histoire des travaux et des idées de Buffon.* — C. F. ROULIN, *Observations sur les animaux domestiques transportés de l'ancien dans le nouveau continent.* (Mémoires des savants étrangers, 1835.)

« entre elles [1]. » Buffon croit même pouvoir indiquer les quinze genres principaux dont toutes les espèces, sauf neuf qu'il regarde comme isolées [2], sont à peu près issues.

[1] Tome XIV, page 355.
[2] Ce sont : l'éléphant, le rhinocéros, l'hippopotame, la girafe, le chameau, le lion, le tigre, l'ours et la taupe.

XXVI

Ces écarts d'imagination, auxquels Buffon se laisse trop facilement entraîner, ne l'empêchent pas de professer ailleurs des idées moins hardies, mais plus scientifiques. Nul avant lui n'avait marqué avec autant de précision le vrai caractère de l'espèce. La définition qu'il en donne est encore, à tout prendre, la plus satisfaisante que l'on connaisse : « L'espèce n'est autre chose qu'une suc- « cession constante d'individus semblables, et qui « se reproduisent. » Ce dernier caractère, la fécondité continue, est la marque précise de l'espèce. Il faut citer cette page de Buffon, parce qu'il n'en est guère qui fasse plus d'honneur à son esprit scientifique : « Tous les individus semblables qui exis- « tent sur la surface de la terre sont regardés

« comme composant l'espèce de ces individus. Ce-
« pendant ce n'est ni le nombre ni la collection
« des individus semblables qui fait l'espèce, c'est
« la succession constante et le renouvellement non
« interrompu de ces individus qui la constituent.
« Car un être, qui durerait toujours, ne ferait pas
« une espèce, non plus qu'un million d'êtres sem-
« blables qui dureraient aussi toujours. L'espèce
« est donc un mot abstrait et général, dont la chose
« n'existe qu'en considérant la nature dans la suc-
« cession des temps et dans la destruction cons-
« tante et le renouvellement tout aussi constant
« des êtres. C'est en comparant la nature d'aujour-
« d'hui à celle des autres temps, et les individus
« actuels aux individus passés, que nous avons pris
« une idée nette de ce que l'on appelle espèce ; et
« la comparaison du nombre ou de la ressemblance
« des individus n'est qu'une idée accessoire et sou-
« vent indépendante de la première ; car l'âne res-
« semble au cheval plus que le barbet au lévrier, et
« cependant le barbet et le lévrier ne sont qu'une
« même espèce, puisqu'ils produisent ensemble
« des individus qui peuvent eux-mêmes en produire
« d'autres ; au lieu que le cheval et l'âne sont cer-

« tainement de différentes espèces, puisqu'ils ne
« produisent ensemble que des individus viciés et
« inféconds [1]. »

C'est au commencement de son chapitre de
l'*Ane* que Buffon développe ces idées vraiment
dignes de la science ; et il en fait aussitôt à l'âne
lui-même une application aussi juste que spirituelle. « L'âne, dit-il, est donc un âne, et ce n'est
« point un cheval dégénéré, un cheval à queue nue ;
« et il n'est ni étranger, ni intrus, ni bâtard. Il a,
« comme tous les autres animaux, sa famille, son
« espèce et son rang ; son sang est pur, et quoique
« sa noblesse soit moins illustre, elle est tout aussi
« bonne, tout aussi ancienne que celle du cheval [2]. »

Buffon, comme s'il voulait se faire pardonner
ses vues hasardées, revient à plusieurs reprises sur
cette question de la permanence des espèces. Il fait
remarquer que, s'il était prouvé qu'une seule eût
été produite par la dégénération d'une autre, il n'y
aurait plus de bornes à la puissance de la nature ;
mais non, toutes les espèces ont également parti-
cipé à la grâce de la création, toutes portent encore

[1] Tome IV, page 384.
[2] Tome IV, page 389.

les traits inaltérables que Dieu leur a d'abord imprimés; elles ne dépendent ni du temps ni du nombre. Chacune tient sa place, subsiste par elle-même et se défend des autres; chacune forme un tout et compte pour un dans les ouvrages du Créateur; chacune a un droit égal à la vie, et, s'il en est de plus précieuses aux regards de Dieu, toutes cependant ont reçu de lui le pouvoir de durer avec leur forme propre et originale.

Buffon attache une si grande importance à cette question des espèces séparées et irréductibles l'une à l'autre, qu'il prend soin de distinguer nettement les espèces de l'ancien continent des espèces, en apparence similaires, du nouveau. Ses idées sur la distribution géographique des animaux constituent, selon Cuvier, de véritables découvertes[1]. Pour apprécier à sa juste valeur le service que Buffon rendit alors à la science, il faut se représenter la confusion presque inextricable qui régnait alors dans cette partie de l'histoire naturelle. Les premiers explorateurs du nouveau Monde, voulant décrire et dénommer des quadrupèdes, des poissons, des oiseaux inconnus, n'imaginèrent rien de

[1] CUVIER, *Bibliographie universelle,* article BUFFON.

mieux que de leur imposer les noms des espèces
connues avec lesquelles ils offraient le plus de ressemblance. On appela le puma, lion ; l'alpaga,
mouton ; le jaguar, tigre ; et il en résulta les idées
les plus fausses sur la faune comparée des divers
continents : « les noms avaient confondu les
« choses [1] ».

Buffon eut la gloire de montrer que, à part un
petit nombre d'espèces, comme le loup, l'élan et
le castor, qui, peut-être, ont passé d'un pays dans
l'autre, chaque continent est peuplé d'animaux
distincts. Il y a là comme deux créations séparées,
ou plutôt comme deux applications du même plan.
Les animaux de l'ancien continent et ceux du nouveau forment en effet deux séries parallèles. Les
animaux de chacune de ces séries ont leur repré-
sentant dans l'autre, à cela près que les animaux
d'Amérique ne semblent que des représentants
amoindris des animaux similaires d'Europe, d'A-
frique ou d'Asie. Qu'est-ce en effet que le lama
auprès du chameau ; le tapir auprès de l'éléphant
ou du rhinocéros ; le jaguar auprès du tigre ; le
puma auprès du lion ?

[1] Tome IX, page 55.

XXVII

Il semble en vérité que le Créateur se soit plu à varier à l'infini l'expression des mêmes idées, à épuiser, pour ainsi dire, toutes les formes de l'être contenues dans le plan mystérieux selon lequel il a conçu son œuvre; et, chose vraiment merveilleuse! cette variété presque infinie est obtenue par les moyens les plus faciles, grâce aux modifications graduelles d'un petit nombre de types primitifs; de sorte que la diversité des détails ne cache pas l'admirable simplicité du plan, comme, dans un édifice bien fait, les grandes lignes se détachent nettement au milieu du désordre apparent d'une architecture aussi libre que savante.

Parmi ceux qui étudient la nature, les uns sont plus frappés de la grandeur de l'ensemble, les autres du fini et de la perfection des parties. Ceux-ci, spectateurs curieux, observateurs infatigables, arrêtant successivement leur attention sur un petit nombre de détails, s'étonnent surtout de la variété infinie qu'ils y remarquent et s'attachent à en bien marquer les différences. Ceux-là, esprits élevés et philosophiques, se plaisent aux vues étendues et générales, s'éloignent du monument pour en mieux saisir l'unité grandiose, prenant plutôt garde à la simplicité et à la symétrie du plan général, qu'à la liberté et aux capricieuses fantaisies de l'exécution.

XXVIII

Je n'ai pas besoin de dire de quel côté Buffon
était entraîné par ses habitudes d'esprit et par la
tournure de son génie. Nous l'avons vu séduit tout
d'abord par l'idée chimérique de la mutabilité des
espèces. Il y renonça, à la vérité, ramené par l'expérience à des idées plus exactes; mais, en resti-
tuant aux espèces leur origine distincte et leur
existence propre, il reste frappé de l'unité profonde
qui les rapproche et les fait apparaitre comme des
œuvres diverses à la vérité, mais conçues pourtant
toutes par la même intelligence. C'est sur le même
plan, varié d'abord par nuances insensibles, puis
déformé par degrés au point de devenir mécon-
naissable, qu'ont été construits les quadrupèdes,
les oiseaux, les reptiles, les insectes, les vers, les
zoophytes, les plantes même; tous ces êtres infini-

ment divers par leurs caractères apparents, mais participant tous aux grands traits communs de toute substance organisée et vivante. « Que l'on « considère, comme l'a remarqué M. Daubenton, « que le pied d'un cheval, en apparence si différent « de la main d'un homme, est cependant composé « des mêmes os, et que nous avons à l'extrémité « de chacun de nos doigts le même osselet en fer « à cheval qui termine le pied de cet animal; et « l'on jugera si cette ressemblance cachée n'est pas « plus merveilleuse que les différences apparentes; « si cette uniformité constante et ce dessein suivi « de l'homme aux quadrupèdes, des quadrupèdes « aux cétacés, des cétacés aux oiseaux, des oiseaux « aux reptiles, des reptiles aux poissons, etc., dans « lesquels les parties essentielles, comme le cœur, « les intestins, l'épine du dos, les sens, se trouvent « toujours, ne semblent pas indiquer qu'en créant « les animaux, l'Être suprême n'a voulu employer « qu'une idée et la varier en même temps de toutes « les manières possibles, afin que l'homme pût « admirer également et la magnificence de l'inven- « tion et la simplicité du dessein [1]. »

[1] Tome IV, page 379.

Buffon ne s'en tient pas à cette vue générale, vraie dans son ensemble, il reprend l'idée de la série continue des êtres. « La nature, dit-il, marche « par des gradations inconnues... Elle passe d'une « espèce à une autre espèce, d'un genre à un autre « genre, par des nuances imperceptibles; de sorte « qu'il se trouve un grand nombre d'espèces « moyennes et d'objets mi-partie, qu'on ne sait « où placer [1]. »

Cette idée semble s'être présentée d'abord à l'esprit d'Aristote [2]. Leibniz l'avait reprise et ajustée sans peine à l'ensemble de son système. « La loi de continuité, dit-il, exige que tous les êtres naturels ne forment qu'une seule chaine, dans laquelle les différentes classes, comme autant d'anneaux,

[1] « Le passage des êtres inanimés aux animaux se fait peu « à peu : la continuité des gradations couvre les limites qui « séparent deux classes d'êtres et soustrait à l'œil le point « qui les divise. Après les êtres inanimés viennent d'abord « les plantes... Des plantes aux animaux le passage n'est point « subit et brusque. On trouve dans la mer des corps dont « on douterait si ce sont des animaux ou des plantes. La « même gradation insensible, qui donne à certains animaux « plus de vie et de mouvement qu'à d'autres, a lieu pour les « fonctions vitales. »

(ARISTOTE, *Traité des animaux*, livre VIII, chap. 1er.)

[2] Tome Ier, page 2.

tiennent si étroitement les uns aux autres, qu'il soit impossible de fixer précisément le point où quelqu'une commence ou finit ; toutes les espèces qui occupent les régions d'inflexion et de rebroussement devant être équivoques et douées de caractères qui se rapportent également aux espèces voisines [1]. »

Rien de plus séduisant que cette doctrine de Leibniz et de Buffon ; et j'ajoute, rien de plus juste, si on l'applique dans une juste mesure aux êtres qui sont en effet construits sur un même plan. Buffon ne connaissait bien que les animaux vertébrés, dont Daubenton lui avait donné les descriptions anatomiques. Tous les animaux à sang blanc, comme on disait alors, les insectes, les mollusques, les zoophytes, n'étaient encore connus que fort imparfaitement des naturalistes. Quelques études de Malpighi sur le ver à soie, de Swammerdam sur un certain nombre d'insectes, étaient à peu près tout ce que l'on possédait de vraiment scientifique sur ces tribus nombreuses des animaux invertébrés ; d'ailleurs nulle description comparative, nulle vue d'ensemble. Buffon appliqua donc

---

[1] Lettres de Leibniz, dans l'*Appel au public de Kœnigsb.* (Appendice, page 45.)

au règne animal tout entier une loi de continuité,
qui ne s'appliquait exactement qu'à chacun des
grands embranchements de ce règne, considérés
séparément. Tant que l'on demeure dans le même
embranchement, on rencontre un plan unique, un
dessein suivi ; l'on passe par des intermédiaires
innombrables, et sans brusque transition, des mamm-
mifères aux oiseaux, des oiseaux aux reptiles, des
reptiles aux poissons, etc. Mais il n'en est plus de
même, lorsqu'on passe d'un embranchement à
l'autre, des poissons aux insectes par exemple ; dans
ce passage, nulle transition, nul être intermédiaire.
La nature fait un saut brusque ; elle abandonne
franchement son premier plan, après en avoir, pour
ainsi dire, tiré tout le parti possible, et travaille à
nouveaux frais sur un plan tout différent. Il en est
de même lorsqu'on passe des insectes aux mollusques, des mollusques aux rayonnés. Il n'y a donc
pas un seul type varié presque à l'infini dans le
règne animal ; il y en a quatre, irréductibles l'un
à l'autre ; et la loi de continuité, proclamée par
Leibniz et par Buffon, n'est vraie qu'autant que
les animaux auxquels on l'applique appartiennent
tous à l'un ou à l'autre de ces types.

On voit donc que les grandes vues de Buffon sur l'ensemble du règne animal sont mêlées d'erreurs et de vérités. D'ailleurs, c'est le sort de toutes les théories générales, j'entends celles qui ont été conçues par le génie et qui s'appuient sur les faits, de contenir à la fois une part de vrai, parce qu'elles correspondent à certains faits, et une part de faux, parce qu'elles ne correspondent pas à tous. Le progrès des connaissances les discrédite bien vite. On admire encore la force d'esprit qui les a inspirées, mais elles appartiennent à l'histoire de la science plus qu'à la science elle-même, et n'assurent à leur auteur qu'une gloire toujours précaire et contestée.

XXIX

Celle de Buffon repose sur d'autres titres, moins éclatants peut-être, mais plus durables et plus authentiques. De ses théories, il ne reste guère que l'influence qu'elles ont exercée, l'impulsion qu'elles ont donnée aux esprits et qui ne s'est plus arrêtée. Mais ses descriptions, ses tableaux subsistent tout entiers et lui assurent une gloire sans cesse rajeunie. C'est, à vrai dire, la seule partie de son œuvre qui soit restée populaire, c'est celle aussi que les progrès de la science ont le plus respectée. Son livre est encore le recueil le plus complet et, à tout prendre, le plus exact, où l'on puisse s'instruire de la vie, des habitudes, des mœurs des animaux. Je ne sais pourquoi, dans notre siècle, l'attention des naturalistes s'est détournée de cette partie de l'his-

toire naturelle, la plus importante peut-être, et à
coup sûr la plus intéressante. Les anatomistes et
les classificateurs ne regardent pas volontiers
comme des confrères les savants qui s'occupent de
pareilles études. L'agrément de cette étude est
peut-être une des causes de cette prévention injuste. Les hommes voués à ces travaux pénibles
admettent difficilement que l'on puisse faire quelque chose d'utile avec de moindres efforts. Les
naturalistes ont donc abandonné aux voyageurs,
aux chasseurs ou même aux gens de lettres et aux
philosophes, cette partie essentielle de leur tâche;
et entre ces mains inexpérimentées l'histoire naturelle a pris un caractère anecdotique presque per-
sonnel, qui excite justement la défiance des vrais
savants.

Le discrédit justement encouru par ces travaux
sans suite et sans critique est remonté fort mal à
propos jusqu'à Buffon lui-même. On s'est accoutumé à l'envelopper dans un même jugement avec
les Bernardin de Saint-Pierre, les Châteaubriand,
les Michelet, grands écrivains sans doute, mais naturalistes médiocres, amateurs de traits singuliers,
de minuties peu authentiques, ne cherchant dans

l'histoire naturelle qu'un prétexte à descriptions poétiques, à réflexions politiques, morales et religieuses.

A la vérité, Buffon est, autant qu'eux et plus qu'eux sans doute, un naturaliste grand écrivain ; mais il a aimé la science pour elle-même. Il a commis plus d'une erreur, mais jamais il n'a travesti les faits pour les ajuster à ses opinions et à ses systèmes, ou même pour en tirer des effets littéraires. On est étonné, à y regarder de près, de la conscience avec laquelle il observe les règles de la méthode scientifique. On peut dire qu'il est le premier qui ait introduit la critique dans l'histoire naturelle. Combien, par exemple, il est supérieur à Pline, qui conte avec un aplomb vraiment merveilleux les faits les plus invraisemblables qui se puissent imaginer! Buffon n'est pas un compilateur éloquent et érudit, c'est un savant et un critique; ce n'est pas un poëte, c'est un peintre. Son imagination éclate, non dans la conception des tableaux, mais dans leur belle ordonnance. Il choisit les faits avec goût, il les combine avec art, il les interprète avec éloquence, mais d'abord il s'assure que les faits sont authentiques. Il faut voir avec quel soin il examine les preuves, comme il rapproche et compare les documents, comme il consulte les naturalistes, les voyageurs, les géographes ; avec quelle sagacité il les interroge, avec quelle logique il discute leurs réponses ; comme il sait rassembler les faits épars, les éclairer l'un par l'autre ; et surtout, ce travail de patience achevé, comme il sait donner à ses tableaux, composés avec tant de méthode et de lenteur, la chaleur et la vie qui n'appartiennent d'ordinaire qu'aux œuvres d'imagination.

Dans le livre de Buffon, la science prend les libres allures, la démarche hardie de l'inspiration poétique. Si chaque sujet y est traité avec la suite et la précision qui conviennent à une œuvre scientifique, le choix même des sujets témoigne de la liberté et des caprices, des prédilections et des antipathies de l'écrivain. Le grand artiste démêle avec un goût dédaigneux les objets dont la description sera une plus riche matière à son éloquence, ou bien ceux qui se prêteront aux grandes vues du savant et du philosophe ; les autres, il les méprise, et s'il ne peut se résoudre à les retrancher tout à fait de son œuvre, il en ajourne du moins l'étude au temps où son génie ne trouvera plus dans la nature de sujet digne de soi et ce temps ne devait jamais venir.

XXX

En attendant, on eût dit qu'il craignait d'amoin-
drir son esprit en l'appliquant à de petits objets.
Les lignes suivantes de Pline semblent écrites pour
lui : « Nous admirons les épaules des éléphants
« chargés de tours, la vigueur et le cou nerveux
« des taureaux, la voracité des tigres, la crinière
« des lions, quoique pourtant la nature ne soit
« nulle part plus entière que dans les êtres les plus
« petits. » Buffon disait au contraire : « L'examen
« des petits objets ne permet rien au génie. » L'esprit, chez lui, semblait avoir contracté le même
défaut que la vue ; les petites choses lui échappaient.
Il s'étonnait du soin minutieux avec lequel Réaumur étudiait et décrivait les mœurs et l'industrie
des insectes. « Une mouche, disait-il, ne doit pas

« tenir dans la tête d’un naturaliste plus de place
« qu’elle n’en tient dans la nature. » Il raille avec
beaucoup d’esprit et de finesse les naturalistes qui
s’extasient sur la politique des abeilles. On n’est
pas accoutumé à rencontrer chez Buffon ce ton
ironique et mordant; et l’on voit bien qu’il a fort
la chose sur le cœur. « Nos observateurs (ce mot
« dans la bouche de Buffon est déjà une raillerie),
« nos observateurs admirent à l’envi l’intelligence
« et les talents des abeilles; elles ont, disent-ils, un
« génie particulier, un art qui n’appartient qu’à
« elles, l’art de se bien gouverner. Il faut savoir
« observer pour s’en apercevoir. Mais une ruche
« est une république où chaque individu ne travaille
« que pour la société, où tout est ordonné, distri-
« bué, réparti avec une prévoyance, une équité,
« une prudence admirable. Athènes n’était pas
« mieux conduite, ni mieux policée. Plus on ob-
« serve ce panier de mouches et plus on découvre
« de merveilles, un fond de gouvernement inalté-
« rable et toujours le même, un respect profond
« pour la personne en place, une vigilance singu-
« lière pour son service..., un amour constant
« pour la patrie..., la plus fine géométrie employée

« à la plus élégante architecture, etc. Je ne finirais
« point si je voulais seulement parcourir les annales
« de cette république et tirer de l'histoire de ces
« insectes tous les traits qui ont excité l'admiration
« de leurs historiens.

« C'est qu'indépendamment de l'enthousiasme
« qu'on prend pour son sujet, on admire toujours
« d'autant plus qu'on observe davantage et qu'on
« raisonne moins. Y a-t-il en effet rien de plus
« gratuit que cette admiration pour les mouches?...
« Cette république merveilleuse ne sera jamais,
« aux yeux de la raison, qu'une foule de petites
« bêtes qui n'ont d'autre rapport avec nous que
« celui de nous fournir de la cire et du miel.

« Ce n'est point la curiosité que je blâme ici, ce
« sont les raisonnements et les exclamations.
« Qu'on ait observé avec attention leurs manœu-
« vres, qu'on ait suivi avec soin leurs procédés et
« leur travail..., tous ces objets peuvent occuper
« *le loisir* d'un naturaliste; mais c'est la morale,
« c'est la théologie des insectes que je ne puis en-
« tendre prêcher... »

Buffon estime que c'est se faire de Dieu une idée
indigne de sa grandeur et de sa majesté que de le

supposer « fort occupé de la manière dont se doit
« plier l'aile d'un scarabée ». Selon lui, c'est déro-
ger à sa toute-puissance que de l'embarrasser de
cette foule de lois particulières « dont l'une ne
« serait faite que pour les hiboux, l'autre pour les
« mulets ». Rien de plus singulier que son dépit
contre les fourmis; il ne peut souffrir que l'on dise
des merveilles de *petites bêtes* que ses mauvais yeux
n'ont peut-être jamais pu découvrir.

XXXI

Pour un naturaliste, Buffon a, comme on le
voit, d'étranges partis pris. Ces antipathies contre
les animaux trop petits à son gré ne sont pas les
seules. Parmi les êtres qui lui semblent dignes
d'attirer ses regards, il en est aussi qu'il traite avec
une partialité singulière. Il a ses favoris, auxquels
il prodigue toutes les qualités morales, dont il ne
parle qu'avec une tendre sympathie, et il a aussi
ses bêtes noires, qu'il traite en ennemis personnels,
accumulant sur eux tous les défauts que son imagination lui suggère, et ne reculant point devant
la calomnie lorsque la médisance ne suffit pas : il
prend les métaphores fort au sérieux, et comme
le lion est le roi des animaux, il lui attribue sans
crainte toutes les qualités qui conviennent à la

majesté souveraine. « Sa colère est noble, son cou-
« rage magnanime, son naturel sensible. On l'a vu
« souvent dédaigner de petits ennemis, mépriser
« leurs insultes et leur pardonner des libertés of-
« fensantes. On l'a vu réduit en captivité, s'ennuyer
« sans s'aigrir... L'extérieur du lion ne dément
« point ses grandes qualités intérieures. Il a la
« figure imposante, le regard assuré, la démarche
« fière, la voix terrible... »

Quelle haine vigoureuse, au contraire, l'inspire
dans cette peinture éloquente et terrible du tigre !
Quel mépris et quelle horreur ! « Dans la classe
« des animaux carnassiers, le lion est le premier,
« le tigre est le second ; et comme le premier,
« même dans un mauvais genre, est toujours le
« plus grand et souvent le meilleur, le second est
« ordinairement le plus méchant de tous. A la
« fierté, au courage, à la force, le lion joint la
« noblesse, la clémence, la magnanimité ; tandis
« que le tigre est bassement féroce, cruel sans jus-
« tice, c'est-à-dire sans nécessité... Le tigre, trop
« long de corps, trop bas sur ses jambes, la tête
« nue, les yeux hagards, la langue couleur de sang,
« toujours hors de la gueule, n'a que les caractères

« de la basse méchanceté et de l'insatiable cruauté.
« Il n'a pour tout instinct qu'une rage constante,
« une fureur aveugle, qui ne connait, qui ne
« distingue rien... Le tigre est peut-être le seul
« de tous les animaux dont on ne puisse fléchir le
« naturel. Ni la force, ni la contrainte, ni la vio-
« lence ne peuvent le dompter. Il s'irrite des bons
« comme des mauvais traitements. La douce habi-
« tude qui peut tout ne peut rien sur cette nature
« de fer ; le temps, loin de l'amollir en tempérant
« ses humeurs féroces, ne fait qu'aigrir le fiel de
« sa rage. Il déchire la main qui le nourrit comme
« celle qui le frappe. Il rugit à la vue de tout être
« vivant. Chaque objet lui parait une nouvelle
« proie qu'il dévore d'avance de ses regards avides,
« qu'il menace par des frémissements affreux mêlés
« d'un grincement de dents, et vers laquelle il
« s'élance souvent malgré les chaines et les grilles
« qui brisent sa fureur sans pouvoir la calmer. »

Lisez maintenant le portrait de l'éléphant ; c'est
celui d'un sage, presque d'un philosophe. « A sa
« force prodigieuse, il joint encore le courage, la
« prudence, le sang-froid, l'obéissance exacte. Il
« conserve de la modération même dans ses pas-

« sions les plus vives. Dans la colère il ne mécon-
« naît point ses amis; il n'attaque jamais que ceux
« qui l'ont offensé; il se souvient des bienfaits
« aussi longtemps que des injures... Il est aimé de
« tous, puisque tous le respectent et n'ont nulle
« raison de le craindre. »

XXXII

Avec quel respect, quelle reconnaissance, quelle touchante sympathie il parle de ces humbles et utiles serviteurs, les compagnons de l'homme et ses alliés dans les combats qu'il livre à la nature, le bœuf, le cheval, le chien, l'âne, l'âne surtout, qu'il venge avec bien de l'éloquence des insultes qu'on lui a si injustement prodiguées ! — « Pour-
« quoi donc tant de mépris pour cet animal si bon,
« si patient, si sobre, si utile ? Les hommes mépri-
« seraient-ils jusque dans les animaux ceux qui les
« servent trop bien et à trop peu de frais !... L'âne
« est de son naturel aussi humble, aussi patient,
« aussi tranquille que le cheval est fier, ardent,
« impétueux ; il souffre avec constance et peut-être
« avec courage les châtiments et les coups. »

Il y a de la générosité à prendre ainsi la défense des opprimés. Ce passage n'est pas le seul du reste dont il faille faire honneur à la bonté d'âme de Buffon. Il s'intéresse souvent à ses humbles héros; il compatit à leurs peines ou à leurs joies. Il s'effraye de leurs misères et il se demande pourquoi la nature les a condamnés à cette triste vie, et il pose presque à leur sujet le problème de l'inégalité des conditions [1]. Quelle que soit son admiration pour le génie et les conquêtes de l'homme sur la nature, il plaint le sort des êtres doux et inoffensifs dont cette conquête a troublé la vie, aigri le caractère, flétri le génie et détruit les modestes industries. « Ils ne songent plus à bâtir; ils négligent « toute commodité, toujours pressés par la crainte « et la nécessité, ils ne cherchent qu'à vivre; ils ne « sont occupés qu'à fuir et se cacher... Plus l'espèce « humaine se multiplie, se perfectionne, plus ils « sentent le poids d'un empire aussi terrible qu'ab- « solu qui, leur laissant à peine leur existence « individuelle, leur ôte tout moyen de liberté, « toute idée de société et détruit jusqu'au germe « de leur intelligence. Ce qu'ils sont devenus, ce

[1] Voir l'*Unau ou Paresseux*.

« qu'ils deviendront encore, n'indique peut-être
« pas assez ce qu'ils ont été ou ce qu'ils pourraient
« être. Qui sait, si l'espèce humaine était anéantie,
« auquel d'entre eux appartiendrait le sceptre de
« la terre? »

XXXIII

Grâce à ce mélange continuel de réflexions et
de tableaux, grâce surtout à l'intérêt très-vif que
l'auteur porte à ses héros, l'histoire naturelle
échappe au grand danger du genre descriptif, l'ennui et la monotonie. Elle devient un drame dont
les acteurs excitent la haine ou la sympathie,

> Une ample comédie à cent actes divers,
> Et dont la scène est l'univers.

La présence continuelle de l'homme, que l'on entrevoit sans cesse comme dans un apologue immense, élève et ennoblit le sujet en le rapprochant
de nous. On y retrouve quelque chose de l'art de
La Fontaine. Je ne veux point faire un rapprochement forcé, et je sais que l'on se représente volon-

tiers Buffon et La Fontaine comme les deux pôles
contraires de la pensée humaine. C'est un lieu
commun littéraire d'opposer le naturel et les grâces
naïves de celui-ci, à l'éloquence apprêtée, à la noblesse continue et un peu fatigante de celui-là. Il
n'est guère d'écrivains, j'en conviens volontiers,
plus différents que Buffon et La Fontaine. Il serait
facile pourtant de relever entre eux plus d'une
ressemblance : Tous deux ont aimé la nature et
l'ont souvent observée dans la solitude ; tous deux
s'intéressent aux personnages qu'ils décrivent,
entrent dans leurs émotions, leur prêtent des pensées, refont leurs raisonnements et en admirent la
justesse ; tous deux animent leurs tableaux par la
présence de l'homme, soit qu'il occupe le devant
de la scène, soit qu'il apparaisse seulement par
échappée. Sans doute l'art délicat de La Fontaine,
cet art qui nous échappe par sa perfection même,
donne à ses récits une grâce naturelle, un air de
simplicité et de bonne foi qui nous enchante. Mais,
si Buffon est bien éloigné de cette bonhomie charmante, s'il ne sait point effacer les traces du travail
de façon que les combinaisons les plus profondes
ne semblent plus que le résultat d'un heureux

naturel et d'un génie qui s'ignore lui-même, il rencontre pourtant, plus souvent qu'on ne le croit d'ordinaire, la simplicité, l'émotion sincère. Il se laisse aller à l'impression première et directe des choses et l'exprime avec vivacité, avec franchise, oubliant pour un moment ses systèmes de savant, ses préoccupations et son parti-pris d'écrivain.

XXXIV

Il est cependant un point par lequel il diffère
tout à fait de La Fontaine. On sait avec quelle
chaleur et quelle conviction celui-ci prend la défense de ses bêtes contre Descartes qui en voulait
faire des machines; comme il se plaît à multiplier
les preuves de leur intelligence, avec quelle complaisance il décrit les calculs du hibou qui veut
conserver sa provision de souris, les ruses du cerf
aux abois, de la perdrix qui éloigne le chasseur, le
stratagème ingénieux dont deux rats s'avisèrent
pour sauver leur œuf menacé. Il ne va point jusqu'à leur accorder une vraie âme; ce serait heurter
trop fort les croyances de son siècle. Il en imagine
une exprès pour eux, qu'il leur donne en commun avec les enfants. « *Il subtilise un morceau de*

« *matière, un extrait de lumière, une quintessence*
« *d'atôme, je ne sais quoi de plus vif et de plus subtil*
« *encore que le feu.* » Métaphysique médiocre, j'en
conviens, mais sentiment excellent. Une telle
théorie, si elle ne fait guère honneur au philosophe,
nous donne au moins la meilleure opinion de
l'homme.

N'attendons point du grave Buffon cette métaphysique hasardeuse et cette générosité imprudente.
Il parle bien des animaux comme La Fontaine;
comme lui, il leur prête des pensées et des émotions, des vertus et des vices. Mais toutes les fois
que l'occasion s'en présente, il a soin de faire les
réserves les plus expresses contre les doctrines que
son langage semblerait autoriser. A la vérité,
Buffon accorde aux animaux un peu plus que Descartes. « Je leur accorde tout, dit-il, à l'exception
« de la pensée et de la réflexion : ils ont le senti-
« ment, ils l'ont même à un plus haut degré que
« nous ne l'avons; ils ont aussi la conscience de
« leur existence actuelle... ils ont des sensations[1]. »
Ils ont cette mémoire qui n'est que le renouvelle-

[1] Tome IV, page 41.

ment des sensations [1]. Ils ont des appétits [2], des
passions, leur espèce d'orgueil, leur espèce d'amitié,
leur espèce d'ambition [3]. Ces concessions semblent
au premier abord fort satisfaisantes ; mais la générosité de Buffon n'est qu'apparente, et il retire
d'une main aux animaux ce qu'il leur accorde de
l'autre. Ces sensations, cette mémoire, ces passions
dépendent *d'ébranlements organiques*, qui ressemblent étrangement aux esprits animaux qui étaient
d'un si grand usage dans l'école cartésienne. Il faut
admirer ici cette illusion singulière qui fait croire
que l'on invente une théorie nouvelle, alors qu'on
s'est borné à donner un nouveau nom à une vieille
hypothèse. Soyons modestes d'ailleurs, nous qui
parlons avec une si visible satisfaction du fluide et
des courants nerveux. Il faut convenir pourtant
que ces hypothèses flattent l'esprit et se prêtent à
toutes les explications avec une facilité merveilleuse. Du reste, rien n'est plus aisé à comprendre :
« Les impressions transmises par les sens extérieurs
« s'arrêtent sur les sens intérieurs et produisent

---

[1] Tome IV, page 60.
[2] Tome IV, page 45.
[3] Tome IV, page 83.

« dans le cerveau, qui en est l'organe, des ébran-
« lements durables et distincts; ces ébranlements
« sont agréables ou désagréables... et font naitre
« l'appétit ou la répugnance[1]... Ceci posé, si un
« chien, après avoir été battu, refuse de prendre ce
« qu'on lui présente, c'est que les ébranlements de
« la douleur se renouvellent en même temps que
« ceux de l'appétit se font sentir[2]... Si son maître
« parvient enfin à le décider, c'est que l'ébranle-
« ment causé par l'action de son maître, de la main
« duquel il a souvent reçu ce morceau... devient
« la cause déterminante du mouvement[3]. » Il n'y
a donc en tout cela qu'une vaine apparence d'intelligence, et encore cette apparence ne se rencontre-
t-elle que chez les animaux supérieurs, les oiseaux
et les mammifères. Les insectes, les zoophytes ne
sont plus que de pures machines. Buffon se demandait même, ainsi que le savant Daubenton[4],
s'il ne conviendrait pas de leur retirer le nom
d'animaux pour en faire une classe à part entre les

[1] Tome IV, page 34.
[2] Tome IV, page 39.
[3] Tome IV, page 40.
[4] DAUBENTON, *Mémoire lu à l'Institut en l'an V.*

plantes et les animaux véritables. En attendant, il
s'indigne que l'on attribue leurs actions à un art,
à une prévoyance quelconque. Il examine l'industrie prétendue des abeilles et n'y voit « qu'un
« résultat purement mécanique, une combinaison
« de mouvements proportionnelle au nombre, un
« rapport qui n'est compliqué que parce qu'il dé-
« pend de plusieurs milliers d'individus. » — « Ces
cellules des abeilles, continue-t-il, ces hexagones
tant vantés, tant admirés, me fournissent une
preuve de plus contre l'enthousiasme et l'admiration. Cette figure, toute géométrique et toute ré-
gulière qu'elle nous parait et qu'elle est, en effet,
dans la spéculation, n'est ici qu'un résultat mécanique et assez imparfait qui se trouve souvent dans
la nature, et que l'on remarque même dans ses
productions les plus brutes..... Qu'on remplisse
un vaisseau de pois, ou plutôt de quelqu'autre
graine cylindrique, et qu'on le ferme exactement,
après y avoir versé autant d'eau que les intervalles
qui restent entre ces graines peuvent en recevoir ;
qu'on fasse bouillir cette eau, tous ces cylindres
deviendront des colonnes à six pans. On en voit
clairement la raison, qui est purement mécanique.

Chaque graine dont la figure est cylindrique, tend
par son renflement à occuper le plus d'espace possible dans un espace donné ; elles deviennent donc
toutes nécessairement hexagones par la compres-
sion réciproque [1]. »

Le doux miel, que les abeilles nous préparent,
ne saurait apaiser la mauvaise humeur de Buffon ;
tout au contraire, il voit dans le soin qu'elles
prennent d'amasser des provisions qu'on leur enlève sans cesse, une preuve du caractère tout
machinal de leur travail. « Elles ramassent beau-
« coup plus de cire et de miel qu'il ne leur en
« faut : ce n'est donc point du produit de leur in-
« telligence, c'est des effets de leur stupidité, que
« nous profitons. Car l'intelligence les porterait
« nécessairement à ne ramasser qu'à peu près au-
« tant qu'elles ont besoin, et à s'épargner la peine
« de tout le reste, surtout après la triste expé-
« rience que ce travail est une pure perte, qu'on
« leur enlève tout ce qu'elles ont de trop, qu'enfin
« cette abondance est la seule cause de la guerre
« qu'on leur fait, et la source de la désolation et
« du trouble de leur société. »

[1] Tome IV, page 99.

XXXV

On se demande en vérité ce que les pauvres bêtes ont fait à Buffon, pour qu'il les traite avec une dureté, qui, à l'égard des abeilles, ressemble à de l'ingratitude. Il semble qu'il ait contre elles une rancune personnelle, et qu'il exerce des représailles. Il en exerce en effet. Il se venge sur les bêtes des philosophes de son temps, qui les exaltaient quelquefois aux dépens de l'homme. Buffon est froissé dans sa dignité, dans son orgueil, si l'on veut, de l'audace de ces systèmes, qui prétendent diminuer l'intervalle qui sépare l'homme des bêtes ; les bêtes, à vrai dire, ne sont que le prétexte du débat. C'est le problème de la nature et de la destinée humaines qui s'agite sous cette question d'histoire naturelle ; l'homme n'abandonne ainsi ses droits que pour s'affranchir plus aisément de ses devoirs. Il renonce à la royauté du monde, non comme l'homme modeste, qui s'éloigne d'une place dont il ne se croit pas digne, mais comme l'âme molle et lâche, qui trouve que les honneurs ne valent pas le prix dont il les faut acheter. Bossuet s'étonnait déjà que « l'homme, animal su- « perbe, qui veut s'attribuer à lui-même tout ce « qu'il connait d'excellent, et qui ne veut rien cé- « der à son semblable, fasse des efforts pour trou- « ver que les bêtes le valent bien, ou qu'il y a peu « de différence entre lui et elles. » Il se demandait la raison de cette tendance singulière des hommes à plaider contre eux-mêmes la cause des bêtes. « C'est, disait-il, qu'ils semblent vouloir élever les « animaux jusqu'à eux-mêmes, afin d'avoir le « droit de s'abaisser jusqu'aux animaux, et de pou- « voir vivre comme eux [1]. »

Le sentiment de sa dignité offensée suggère à Buffon des réflexions toutes semblables à celles que les alarmes du chrétien et du moraliste avaient inspirées à Bossuet : à la vérité, il part de considérations moins élevées pour résoudre la question.

[1] BOSSUET, *Connaissance de Dieu et de soi-même,* chap. V.

Il n'ira pas, comme son profond et éloquent pré-
décesseur, chercher d'abord, parmi les pensées de
l'âme humaine, celles qui sont les marques éminentes, les vrais titres de sa noblesse : je veux dire
la connaissance de Dieu et l'intelligence des vérités
éternelles ; mais, en revanche, il accumule toutes
les preuves de détail que la science et la philosophie lui prêtent ; il ne dédaigne aucune arme pour
assurer son triomphe ; et sa démonstration, moins
directe que celle de Bossuet, n'est pour cela ni
moins éloquente, ni moins persuasive.

XXXVI

C'est par l'étude de son âme que l'homme est
d'abord averti de sa grandeur. Buffon n'a garde
d'oublier ce premier et imposant témoignage en
faveur de la cause qu'il défend. « Que l'homme
« s'examine, s'analyse et s'approfondisse, il recon-
« naîtra bientôt la noblesse de son être ; il sentira
« l'existence de son âme ; il cessera de s'avilir et
« verra d'un coup d'œil la distance infinie que
« l'Être suprême a mise entre les bêtes et lui. » Il
est vrai que la courte durée de sa vie, le peu d'é-
tendue de son expérience, le rabaissent vers les
animaux. Mais s'il n'a que la connaissance d'un
petit nombre d'instants, il sent du moins en lui
une puissance vive, immortelle, qui compare

ces instants, les distingue, les ordonne, connaît le présent, juge du passé, prévoit l'avenir.

L'homme est donc le favori de Dieu, puisqu'il a reçu de lui un présent inestimable qu'il ne partage avec aucun autre animal. Et cette faveur n'est pas la seule qui atteste que l'homme a été créé dans une condition singulière. Les longs siècles qui ont précédé son apparition, semblent avoir été destinés à préparer de loin sa demeure, à assurer sa sécurité, à lui former un domaine où il pût en paix exercer son intelligence. Il arrive enfin, comme un roi attendu de ses sujets. Il prend le sceptre de la terre dès qu'elle se trouve digne de son empire ; ses traits sont ceux qui conviennent au pouvoir dont il est investi : « *longe lateque principem ostentant* ». « Il se soutient droit et « élevé ; son attitude est celle du commandement ; « sa tête regarde le ciel et présente une face au- « guste, sur laquelle est imprimé le caractère de « sa dignité. L'image de l'âme y est peinte par la « physionomie. L'excellence de sa nature perce à « travers les organes matériels, et anime d'un feu « divin les traits de son visage ; son front majes- « tueux, sa démarche ferme et hardie, annoncent

« sa noblesse et son rang. Il ne touche à la terre
« que par ses extrémités les plus éloignées ; il ne
« la voit que de loin et semble la dédaigner. » —
On dirait qu'en le voyant, les animaux aient d'a-
bord reconnu leur maitre. Le plus spirituel d'entre
eux cède à la supériorité du plus stupide des
hommes. Buffon reprend (comme on le voit) la
pensée de Bossuet. « Il est bon de remarquer que
« les hommes les plus grossiers sont ceux que
« nous employons à conduire les animaux ; ce qui
« montre combien ils sont au-dessous du raison-
« nement, puisque le dernier degré du raisonne-
« ment suffit à les conduire comme on veut. » Et
que l'on ne dise pas que l'homme se fait obéir par
la force. C'est au contraire par supériorité de nature, parce qu'il a des desseins arrêtés, une suite
d'actions et de moyens par lesquels il contraint
l'animal à lui obéir.

L'homme est donc un souverain légitime, et un
souverain que nulle révolution ne précipitera du
trône. Son empire « est l'empire de l'esprit sur la
« matière ; c'est non-seulement un droit de na-
« ture, un pouvoir fondé sur des lois inaltérables,
« mais c'est encore un don de Dieu par lequel

« l'homme peut reconnaître à tout instant l'excel-
« lence de son être. Car ce n'est pas parce qu'il est
« le plus parfait, le plus fort ou le plus adroit des
« animaux, qu'il leur commande. S'il n'était que le
« premier du même ordre, les seconds se réuni-
« raient pour lui disputer l'empire. Mais c'est par
« supériorité de nature que l'homme règne et
« commande. Il pense, et dès lors il est maître des
« êtres qui ne pensent point. » On peut donc dire
de l'homme la même chose que le poëte disait de
Jupiter : *Il n'a ni semblable, ni second*[1].

Nul intermédiaire ne le rattache aux êtres infé-
rieurs; disgraciés, tous pourtant participent à la
même nature, à la même raison. Ce sont de simples variétés qui s'effacent avec les causes qui se
sont produites. Il n'y a point d'espèces humaines ;
il n'y a que le genre humain. « L'homme, blanc
« en Europe, noir en Afrique, jaune en Asie et
« rouge en Amérique, n'est que le même homme
« teint de la couleur du climat[2]. » C'est une gloire
pour Buffon d'avoir proclamé avec cette force l'u-
nité humaine et combattu avec quelque audace

[1] *Nec viget in terris simile aut secundum.*
[2] Tome IX, page 2.

des préjugés, dont plusieurs n'avaient rien de scientifique. Que l'on se souvienne de l'argument ironique de Montesquieu en faveur de l'esclavage : « Quelle apparence que Dieu, qui est toute sa- « gesse et toute bonté, ait mis une âme et une « âme raisonnable dans un corps tout noir ? » Buf- fon ne se borne pas à affirmer l'unité humaine ; il en donne la preuve scientifique, qu'il fonde sur la fécondité continue des individus naissant des unions les plus mal assorties entre les différentes races. « Toutes peuvent s'unir ensemble et propa- « ger en commun la grande et unique famille du « genre humain[1]. Les différences de couleur et de « dimension dans la taille n'empêchent pas que le « blanc et le nègre, le Lapon et le Patagon, le « géant et le nain, ne produisent ensemble des in- « dividus qui peuvent eux-mêmes se reproduire, « et que, par conséquent, ces hommes, si diffé- « rents en apparence, ne soient tous qu'une seule « et même espèce, puisque cette reproduction « constante est ce qui constitue l'espèce..... Si le « nègre et le blanc ne pouvaient produire ensem-

[1] Tome XIV, page 311. Voir aussi tome V, page 189. (*Sup-pléments.*)

« ble, si même leur production demeurait infé-
« conde, si le mulâtre était un vrai mulet, il y au-
« rait alors deux espèces bien distinctes : le nègre
« serait à l'homme ce que l'âne est au cheval ; ou
« plutôt, si le blanc était homme, le nègre ne se-
« rait plus un homme. Ce serait un animal à part
« comme le singe, et nous serions en droit de pen-
« ser que le blanc et le nègre n'auraient point eu
« une origine commune. Mais cette supposition
« même est démentie par le fait ; et, puisque tous
« les hommes peuvent communiquer et produire
« ensemble, tous les hommes viennent de la même
« souche et sont de la même famille[1]. »

Tous les hommes d'ailleurs n'ont-ils pas en
commun des caractères spécifiques qui les unissent
intimement et les séparent de tous les autres êtres
vivants ? Les deux plus apparents, ceux du moins
sur lesquels Buffon insiste le plus, sont la perfecti-
bilité et la parole. Chez les animaux, l'individu est
susceptible de quelque éducation ; l'espèce ne connaît aucun progrès ; les animaux sont aujourd'hui
ce qu'ils ont toujours été. — Depuis l'origine du
monde, ils n'ont rien ajouté à ce qu'ils avaient

[1] Tome IV, page 388.

d'abord reçu du Créateur ; tout leur perfectionnement est individuel, et s'arrête à chaque génération, puisque les pères ne transmettent aux enfants rien de l'expérience qu'ils ont acquise. L'homme, au contraire, reçoit l'éducation des siècles ; il transmet à ses enfants un patrimoine sans cesse accru, si bien que l'on ne peut assigner un terme à ses progrès, une limite à sa science, à son bonheur, à ses perfections.

C'est par ce pouvoir qu'il a en propre d'inventer sans cesse et de perfectionner, que l'homme s'est fait un langage, c'est-à-dire l'instrument le plus puissant pour élaborer, transmettre, conserver la pénsée. On ne voit point que les animaux les plus rusés soient jamais convenus entre eux du moindre signe. Ils ont bien certains cris plus ou moins expressifs qui sont, si l'on veut, une espèce de langage, mais dans ce langage rien n'est inventé ; tout est primitif et comme tracé d'avance dans l'espèce[1].

On n'y remarque point cette variété infinie qui, dans les langues humaines, témoigne d'une invention toujours libre et toujours diverse. Et ce ne

[1] Tome VI, page 71 : *Oiseaux.*

sont point les organes de la parole qui manquent aux animaux; plusieurs articulent bien les mots et imitent, à s'y méprendre, la voix de l'homme; mais c'est une imitation toute machinale; et l'on n'a jamais pu leur donner la moindre idée du sens que ces mots expriment. C'est donc la puissance intellectuelle, la pensée qui leur manque; et ce défaut met entre eux et nous un espace infini. La différence entre l'homme et la bête n'est pas seulement une différence de degré, mais une différence de nature. « Quelque ressemblance qu'il y ait « entre le Hottentot et le singe, l'intervalle qui « les sépare est immense, puisqu'à l'intérieur il « est rempli par la pensée et au dehors par la « parole [1]. »

[1] Tome XIV, page 32.

XXXVII

On le voit, pour tout ce qui touche à la dignité
de l'âme humaine, Buffon ne fait aucune concession à l'esprit de son siècle. Il revendique tous ses
droits et ne repousse aucun de ses devoirs. Sa
doctrine est d'une netteté parfaite, et ses déclarations d'une franchise admirable. — Il faut convenir qu'il est au contraire singulièrement indécis
sur le reste de la métaphysique, sur ces grandes
questions de l'origine des idées, de Dieu, de ses
rapports avec le monde ; il n'a que des idées confuses et souvent contradictoires. Il semble quelquefois rompre en visière avec la philosophie de
son temps. Quelquefois aussi, il lui paye tribut
avec une docilité singulière, et paraît adopter, en
les exagérant encore, les doctrines qu'il vient de

combattre. Croit-il à la raison ou seulement à l'expérience ? Est-il un disciple de Descartes ou un disciple de Condillac ? C'est ce que je ne saurais dire. Il parle quelquefois comme pourrait faire le sensualiste le plus déterminé. Il représente l'homme arrivant à la vie « *l'âme aussi nue que le corps* ». Il estime « que l'on ferait bien de laisser à l'enfant le « libre usage de ses mains dès le moment de sa « naissance. Il acquerrait plus tôt les premières « notions de la forme des choses ; et qui sait jus- « qu'à quel point ces premières idées influent sur « les autres ? Un homme n'a peut-être beaucoup « plus d'esprit qu'un autre que pour avoir fait, « dans sa première enfance, un plus grand et plus « prompt usage de ses sens[1]. »

Théorie étrange ! que Buffon prend soin de ré- futer lui-même avec une vigueur et une sagacité qui feraient honneur au plus convaincu des idéa- listes. « L'excellence des sens et la perfection « même qu'on peut leur donner n'ont des effets « bien sensibles que dans l'animal. Il nous paraîtra « d'autant plus actif et plus intelligent que ses sens « seront meilleurs ou perfectionnés. L'homme, au

[1] Tome III, page 362.

« contraire, n'en est pas plus raisonnable, pas plus
« spirituel, pour avoir beaucoup exercé son oreille
« et ses yeux. On ne voit pas que les personnes
« qui ont les sens obtus, la vue courte, l'oreille
« dure, l'odorat détruit ou insensible, aient moins
« d'esprit que les autres ; preuve évidente qu'il y
« a dans l'homme quelque chose de plus qu'un
« sens intérieur animal [1]. » Voici encore de belles
paroles que Descartes n'eût pas désavouées :
« Notre âme n'a qu'une forme très-simple, très-
« générale, très-constante ; cette forme est la pen-
« sée. Il nous est impossible d'apercevoir notre
« âme autrement que par la pensée, cette forme
« n'a rien de visible, rien d'étendu, rien d'impéné-
« trable, rien de matériel. Donc le sujet de cette
« forme, notre âme, est indivisible et immaté-
« rielle [2]. »

[1] Tome IV, page 33.

[2] Tome II, page 434. — Cfr. Descartes, Éd. Cousin,
tome Ier, page 158 : « Quand je me considère moi-même
« en tant que je suis seulement une chose qui pense, je ne
« puis distinguer en moi aucune partie ; mais je connais et
« je conçois fort clairement que je suis une chose absolu-
« ment une et entière. »

XXXVIII

Je trouve la même incertitude dans les idées religieuses de Buffon. Il ne parle jamais de Dieu et
de la religion, sans le plus profond respect. Il ne
cesse de protester de sa soumission aveugle à
toutes les autorités religieuses, de sa foi profonde
aux vérités révélées; mais on ne saurait dire si
c'est l'habitude, la prudence ou une conviction
sincère qui lui inspire ces déclarations répétées.
Lorsque la Sorbonne le condamne, il s'incline sans
résistance; il signe toutes les rétractations qu'on
exige de lui; il fait imprimer dans les volumes suivants de son ouvrage cette déclaration, aussi nette
et aussi formelle que l'on puisse désirer :

« Je déclare que je n'ai eu aucune intention de
« contredire l'Écriture..... que je crois fermement

« tout ce qui est rapporté sur la création, soit pour
« l'ordre des temps, soit pour les circonstances des
« faits, et que j'abandonne ce qui, dans mon livre,
« regarde la formation de la terre, et en général
« tout ce qui pourrait être contraire à la narration
« de Moïse. »

Peut-être me trompé-je ; mais, en voyant une
soumission si entière et si prompte, je me prends
à douter de sa sincérité. Cette obéissance fastueuse
est celle d'un homme qui reconnait ses erreurs, ou
d'un homme qui se soumet par prudence et par
orgueil à une autorité qu'il craint et qu'il dédaigne
de combattre. Il était dans les goûts de Buffon,
comme dans ses intérêts, de vivre en paix avec
toutes les puissances. « Je veux surtout (écrivait-
« il à l'abbé Le Blanc) éviter les tracasseries théo-
« logiques, que je crains beaucoup plus que les cri-
« tiques des physiciens ou des géomètres[1]. » Sa
vie privée nous révèle peu de chose sur ses véritables croyances. A Montbard, il pratiquait avec
un soin scrupuleux les devoirs de la religion, il as-
sistait aux offices avec une régularité exemplaire et
édifiait tous ses vassaux par son attitude respec-

[1] 22 juin 1750.

tueuse. Mais étaient-ce les croyances chrétiennes
qui lui dictaient ces pratiques, ou bien était-ce de
sa part un hommage à des convictions que l'on
pourrait respecter encore alors qu'on a cessé de les
partager; ou bien enfin était-ce un exemple que
le grand seigneur croyait devoir à ses vassaux? S'il
faut en croire l'indiscret biographe de Buffon,
Hérault de Séchelles, son respect extérieur pour la
religion était une simple convenance dont il ne
croyait pas qu'un honnête homme pût se dispenser. « Quand je tomberai dangereusement malade,
« aurait-il dit, et que je sentirai ma fin approcher,
« je ne balancerai point à envoyer chercher les sa-
« crements. On le doit au culte public ; et ceux
« qui en agissent autrement sont des fous. Il ne
« faut jamais heurter de front, comme faisaient
« Voltaire, Diderot et Helvétius. Ce dernier était
« mon ami. Il a passé plus de quatre ans à Mont-
« bard en différentes fois. Je lui recommandais
« cette modération et, s'il m'eût cru, il eût été
« plus heureux [1]. »

Est-il vrai qu'il ait dit une autre fois : « Partout
« où j'ai mis le Créateur, il n'y a qu'à mettre en

[1] H. DE SÉCHELLES, *Voyage à Montbard.*

« place la puissance de la nature ? » L'autorité
d'Hérault de Séchelles n'est point assez grande
pour m'obliger à le croire ; et, pour la gloire de
Buffon, il vaut mieux en douter. Convenons pourtant que le ton de ses ouvrages donne quelque
crédit à cette calomnie, si c'en est une. Le nom de
Dieu revient à chaque page, mais sa pensée est
absente, et les quelques passages où la pensée de
l'écrivain parait s'élever jusqu'à lui, semblent plutôt
une politesse qu'un acte d'adoration et de prière.
« Plus j'ai pénétré dans le sein de la nature, dit-il
« quelque part, plus j'ai admiré et profondément
« respecté son auteur. » On ne peut s'empêcher de
trouver ces expressions bien abstraites et bien
froides de la part d'un homme qui a passé sa vie à
contempler et à décrire les œuvres admirables de
Dieu !

XXXIX

La philosophie de Buffon semble être une sorte
de panthéisme vague. Il est vrai qu'une intelligence
suprême prépare et combine toute chose ; mais
cette intelligence semble immanente aux choses
qu'elle ordonne. Elle ne s'exerce que sous la forme
de lois nécessaires et immuables du monde. La vie
elle-même est une force inhérente à certaines parties de la matière ; elle est indépendante des formes
qu'elle revêt successivement ; elle circule de l'une
à l'autre, toujours diverse dans ses manifestations,
toujours semblable dans son essence et invariable
en quantité. Les parties toujours vivantes, dont
les combinaisons changeantes font et défont les
êtres organisés, Buffon les appelle des molécules

vivantes, et il leur attribue le rôle principal dans sa philosophie de la nature. Il sent avec une complaisance visible la destinée capricieuse de cette matière vivante. On croit entendre Lucrèce décrivant avec éloquence les étranges démarches de ses atomes. « Tout ce qui a vie dans la nature vit sur « ce qui végète ; et les végétaux vivent à leur tour « des débris de tout ce qui a vécu et végété. Pour « vivre, il faut détruire, et ce n'est en effet qu'en « détruisant des êtres que les animaux peuvent se « nourrir et se multiplier. Dieu, en créant les pre- « miers individus de chaque espèce d'animal et de « végétal, a non-seulement donné la forme à la « poussière de la terre, mais il l'a rendue vivante « et animée, en renfermant dans chaque individu « une quantité plus ou moins grande de principes « actifs, de molécules organiques vivantes, indes- « tructibles et communes à tous les êtres organisés. « Ces molécules passent de corps en corps et servent « également à la vie actuelle et à la continuation « de la vie, à la nutrition, à l'accroissement de « chaque individu ; et après la dissolution du corps, « après sa destruction, sa réduction en cendres, « ces molécules organiques sur lesquelles la mort

« ne peut rien, survivent, circulent dans l'univers,
« passent dans d'autres êtres et y portent la nour-
« riture et la vie. Toute production, tout renou-
« vellement, tout accroissement par la génération,
« par la nutrition, par le développement supposent
« donc une destruction précédente, une conversion
« de substance, un transport de ces molécules or-
« ganiques qui ne se multiplient pas, mais qui,
« subsistant toujours en nombre égal, rendent la
« nature toujours également vivante, la terre égale-
« ment peuplée et toujours également resplendis-
« sante de la première gloire de celui qui l'a
« créée[1]. »

La quantité de vie est donc toujours la même
sur la terre. C'est une propriété qui ne s'altère
point par la mort de ceux qui en ont successivement l'usufruit. La mort ne frappe que la surface,
ne détruit que la forme ; elle moissonne les individus, mais elle respecte la matière vivante, qui ne
se retire de l'une des formes qu'elle animait que
pour passer dans une autre.

Quelle est maintenant la cause qui contraint
ces molécules, une fois mises en liberté, à prendre

[1] Tome IV, page 437.

la forme d'une espèce déterminée ? Buffon croit
l'expliquer par une hypothèse assez obscure, l'hypothèse des moules intérieurs. Il ne s'agit point
ici des idées platoniciennes, des types éternels con-
çus par l'esprit de Dieu et servant de modèles' immuables aux êtres mortels et changeants. Les
moules intérieurs ne sont point en dehors de la
nature ; ce sont des êtres métaphysiques dont l'essence est indépendante des choses, mais non extérieure ou supérieure aux choses, quelque chose
comme les forces plastiques ou les formes substan-
tielles de la philosophie scolastique. Le corps de
l'animal, suivant Buffon, est « une espèce de
« moule intérieur dans lequel la matière, qui sert
« à son accroissement, se modèle et s'assimile au
« total..... C'est un moule qui a une forme cons-
« tante, mais dont la masse et le volume peuvent
« augmenter proportionnellement. Il paraît certain
« que l'accroissement ou, si l'on veut, le dévelop-
« pement de l'animal ou du végétal ne se fait que
« par l'extension de ce moule dans toutes ses di-
« mensions extérieures et intérieures, que cette
« extension se fait par l'intussusception d'une ma-
« tière accessoire et étrangère qui pénètre dans

« l'intérieur, qui devient semblable à la forme et
« identique avec la matière du moule [1]. »

La théorie des molécules vivantes entraîne bien
vite Buffon au système des générations spontanées.
Il l'adopte sans hésitation. En vain Redi, Swammerdam, Vallisneri ont ruiné les erreurs des
anciens à cet égard, Buffon persiste à croire que
« plus on observera la nature, plus on reconnaîtra
« qu'il se produit en petit beaucoup plus d'êtres de
« cette façon que de toute autre. On s'assurera de
« même que cette manière de génération est non-
« seulement la plus fréquente et la plus générale,
« mais la plus ancienne, c'est-à-dire la première et
« la plus universelle [2]. » — Buffon ne doute pas
un instant que, si le plus grand nombre des êtres
vivants venait à périr, on ne vît aussitôt apparaître
beaucoup d'espèces nouvelles par lesquelles les molécules organiques manifesteraient leur indestruc-
tible vitalité. Buffon prétend qu'il arrive tous les
jours quelque chose de semblable dans la génération des ténias, des lombrics et même des vers de
terre et des champignons. « Dès que les molécules

[1] Tome II, page 41.
[2] Tome IV, page 357. (*Suppléments.*)

« organiques se trouvent en liberté dans la matière
« des corps morts et décomposés, dès qu'elles ne
« sont point absorbées par le moule intérieur des
« êtres organisés qui composent les espèces ordi-
« naires de la nature vivante ou végétante, ces
« molécules toujours actives travaillent à remuer
« la matière putréfiée ; elles s'en approprient quel-
« ques molécules brutes et forment par leur réu-
« nion une multitude de petits corps organisés,
« dont les uns, comme les vers de terre, les cham-
« pignons, etc., paraissent être des animaux ou
« des végétaux assez grands, mais dont les autres,
« en nombre presque infini, ne se voient qu'au mi-
« croscope ; tous les corps n'existent que par une
« génération spontanée[1]. »

[1] Tome IV, page 339. (*Suppléments.*)

LX

La théorie des atomes avait conduit Lucrèce et
tous les Épicuriens à des conclusions pareilles.
C'est une des ressemblances les plus remarquables
entre la philosophie de Buffon et la philosophie
épicurienne, et il ne faut point croire que ce soit
là une simple rencontre, un rapprochement for-
tuit. Les différences accidentelles n'empêchent
point de reconnaître une métaphysique semblable ;
et si l'on veut aller au fond des choses, on verra
que la morale de Buffon n'est autre que la morale
épicurienne, non cette morale épicurienne légère
et souriante qui nous charme dans les odes d'Horace et que Lucrèce aurait répudiée, mais une
morale austère dans ses préceptes, sinon dans ses
principes, qui fait de la science et de la vertu la

condition nécessaire du bonheur. C'est sans doute dégrader la vertu que de la rechercher pour une fin différente d'elle-même. Et pourtant cette morale imparfaite, qui prend la fin pour le moyen, est peut-être la seule qui ait quelque poids sur les âmes molles et indifférentes que la foi religieuse a quittées. Elle se sert de notre faiblesse même pour nous retenir et nous attacher au parti de la vertu, en nous la montrant jointe à l'intérêt. Buffon paraîtra donc, comme Lucrèce, un moraliste fort relâché si l'on considère ses principes. Il semblera, au contraire, un moraliste sévère si l'on étudie ses préceptes. Il combat avec force les vices et les erreurs humaines, parce qu'ils troublent la vie et sont le plus grand obstacle au bonheur, qui pour lui est la fin de l'homme ; tout le mal vient de ce que l'on cherche le bonheur où il n'est pas. On se fatigue à le chercher au dehors, tandis que c'est en nous-mêmes qu'il réside. « Nous nous préparons « des peines toutes les fois que nous cherchons « des plaisirs. Nous sommes malheureux dès que « nous désirons d'être plus heureux. Le bonheur « est au dedans de nous-mêmes. Il nous a été « donné. Le malheur est au dehors, et nous l'al-

« lons chercher. Pourquoi ne sommes-nous pas
« convaincus que la jouissance paisible de notre
« âme est notre seul et vrai bien ; que nous ne
« pouvons l'augmenter sans risquer de le perdre ;
« que moins nous désirons, et plus nous possé-
« dons ; qu'enfin tout ce que nous voulons au delà
« de ce que la nature peut nous donner est peine,
« et que rien n'est plaisir que ce qu'elle nous
« offre ? » — Nos plaisirs les plus vifs et tout ensemble les plus durables sont ceux que nous pro-
curent une tranquille possession de nous-mêmes, le
sentiment de notre liberté et de notre grandeur,
les efforts que nous faisons pour conserver et
étendre ce noble privilége, en fortifiant notre vo-
lonté et notre intelligence. Pourquoi faut-il que
les passions viennent si souvent détourner l'âme
de cette contemplation sereine, et lui ravir à la fois
sa liberté et son repos ? Il faut lire dans Buffon les
pages tristes et sévères où il peint avec tant d'éloquence le trouble des passions, leurs ivresses fugi-
tives et les longs dégoûts qu'elles laissent après
elles. C'est avec une émotion sincère, bien que
contenue, qu'il décrit ces entraînements funestes,
dont il avait fait lui-même la douloureuse expé-

rience. Cette âme, qui nous a été donnée pour connaître, nous ne voudrions plus en user que pour
sentir; et nous souhaiterions parfois d'éteindre la
lumière qui nous trouble dans nos égarements, en
nous en montrant la laideur. « Comme ce n'est
« plus que par intervalles que nous sommes rai-
« sonnables, et que ces intervalles de raison nous
« sont à charge et se passent en reproches secrets,
« nous voudrions les supprimer..... Nous cher-
« chons volontairement à nous perdre de vue,
« pour arriver bientôt à ne plus nous connaître, et
« finir par nous oublier. » — « Notre état est vrai-
« ment la folie, et, pour comble de malheur, une
« folie lucide, qui nous laisse apercevoir, au moins
« par intervalles, l'étendue de notre misère; et
« encore cette ivresse, qui parfois nous la faisait
« oublier, ne dure-t-elle pas longtemps; bientôt le
« charme disparaît. Un vide affreux succède à la
« plénitude des sentiments dont on est occupé. »
L'âme a perdu la force de commander en perdant
l'habitude de se maîtriser. Elle se sent alourdie et
brisée comme au sortir d'un sommeil pénible. « Elle
« regrette même la servitude et cherche un nou-
« veau maître, un nouvel objet de passion, qui dis-

« paraît bientôt à son tour pour être suivi d'un
« autre qui dure moins encore. Ainsi les excès et
« les dégoûts se multiplient. » La jeunesse se
passe dans ces alternatives funestes ; l'âge mûr sur-
vient, qui rend quelquefois le calme aux âmes sans
leur donner le bonheur. Chose étrange ! après
avoir peint de couleurs si sombres le désordre où
la passion nous jette, Buffon semble se demander
si ces orages ne valent pas mieux après tout que la
vie monotone et languissante qu'il faut mener
après qu'ils se sont dissipés, et si l'illusion et l'espérance ne sont point d'assez grands biens pour
qu'on les achète au prix même du désenchantement. Le jour le plus funeste de la vie n'est-il point
celui où l'on se demande avec anxiété si, alors
même que tous nos désirs seraient satisfaits, tous
nos rêves accomplis, nous en serions enfin plus
heureux, et où une expérience funeste nous permet de répondre non. De ce jour, il n'est plus rien
qui donne de prix à la vie, et elle se change en une
routine insipide, où l'on ne persévère que par sottise ou par lâcheté. Ceux-là seuls échappent à ce
découragement qui n'ont pas fait du bonheur le
but de leur existence, ou qui ont placé assez haut

leurs espérances pour que l'expérience de la vie ne puisse les atteindre. Buffon ne s'élève pas jusqu'à ce suprême degré de la sagesse. Aussi ne peut-on rien voir de plus triste que l'idée qu'il donne de l'âge mûr. « On arrive à cet état d'indifférence, à
« cette quiétude indolente, dont on aurait rougi
« quelques années auparavant. La gloire, ce puis-
« sant mobile de toutes les grandes âmes, et qu'on
« voyait de loin comme un but éclatant qu'on
« s'efforce d'atteindre par des actions brillantes et
« des travaux utiles, n'est plus qu'un objet sans
« attraits pour ceux qui en ont approché, et un
« fantôme vain et trompeur pour les autres qui
« sont restés dans l'éloignement. La paresse prend
« sa place, et semble offrir à tous des routes plus
« aisées et des biens plus solides. Mais le dégoût la
« précède et l'ennui la suit ; l'ennui, ce triste tyran
« de toutes les âmes qui pensent, contre laquelle
« la sagesse peut moins que la folie. »

La mort vient enfin mettre un terme à cette vie morne et décolorée. Mais telle est la folie des hommes, qu'au lieu de l'invoquer comme le libérateur suprême, ils tremblent à son approche, et regardent comme leur plus grande misère l'instant

même de leur délivrance. L'objet le plus important de la philosophie du bonheur, c'est donc de
dissiper cette ombre funeste qui obscurcit les
âmes. Comment être heureux en effet, si l'on re-
doute un mal inévitable? Tous les moralistes, et
surtout les épicuriens, multiplient les préceptes
sur cet important objet. Lucrèce s'indigne des
vaines terreurs et des superstitions ridicules qui
font paraitre la mort si redoutable. Il insulte avec
une âpre éloquence ces insensés qui gémissent sur
le destin qui leur est réservé dans un temps où ils
ne seront plus. Par ses cruelles invectives, Lucrèce
trouble l'âme et l'étonne plus qu'il ne la console.
Buffon use, pour guérir nos craintes, de remèdes
plus doux et pourtant plus efficaces. Il veut que
nous ayons le courage et la sagesse de nous accou-
tumer à cette idée de la mort, qui de loin semble
si terrible. Approchons courageusement du spectre;
il s'évanouit aussitôt. Le sommeil de chaque nuit,
en nous ôtant le sentiment de l'existence, inter-
rompt véritablement notre vie, et nous donne
comme un avant-goût de la mort. Usons sagement de la vie, sans nous effrayer de ce dernier
sommeil. L'incertitude du terme nous assure à

tout âge, la jouissance presque certaine du jour et
l'espérance légitime du lendemain. C'en est assez
pour entreprendre une œuvre agréable et utile. Il
n'y a de fin prochaine que pour les âmes faibles qui
la devancent par leurs craintes. C'est en effet une
raison pour vivre, que d'avoir longtemps vécu.
« Nous avons toujours, dans l'âge même le plus
« avancé, l'espérance légitime de trois années de
« vie, et trois années ne sont-elles pas une vie
« complète ? Ne suffisent-elles pas à tous les pro-
« jets d'un homme sage ?..... La jouissance de cha-
« que jour est donc aussi plénière, aussi présente
« pour le vieillard que pour le jeune homme. Les
« longs espoirs et les vastes pensées ne sont même
« interdits à aucun âge. » — Buffon le prouve en
donnant une liste des exemples les plus récents et
les plus authentiques de longévité extraordinaire.
Quel vieillard ne renaîtrait à l'espérance en voyant
des hommes atteindre l'âge presque fabuleux de
cent soixante-cinq, cent quatre-vingt-quatre, et
même cent quatre-vingt-dix ans ? « Ces priviléges
« de la nature sont, à la vérité, placés de loin en
« loin pour le temps, et à de grandes distances
« dans l'espace. Ce sont les gros lots dans la lote-

« rie universelle de la vie. Néanmoins, ils suffisent
« pour donner aux vieillards, même les plus âgés,
« l'espérance d'un âge encore plus grand. » La
maladie même, que dis-je? l'agonie ne suffit pas à
nous montrer la mort toute prête à nous frapper.
« La plupart des hommes meurent sans le savoir,
« et dans le petit nombre de ceux qui conservent
« de la connaissance jusqu'au dernier soupir, il ne
« s'en trouve peut-être pas un qui ne conserve en
« même temps de l'espérance, et qui ne se flatte
« d'un retour vers la vie. La nature a, pour le bon-
« heur de l'homme, rendu ce sentiment plus fort
« que la raison. Un malade, dont le mal est incu-
« rable, qui peut juger de son état par des exemples
« fréquents et familiers, qui en est averti par les
« mouvements inquiets de sa famille, par les larmes
« de ses amis, par la contenance ou l'abandon des
« médecins, n'en est pas plus convaincu qu'il touche
« à sa dernière heure. L'intérêt est si grand, qu'on
« ne s'en rapporte qu'à soi. On n'en croit pas les
« jugements des autres; on les regarde comme des
« alarmes peu fondées. Tant qu'on se sent et qu'on
« pense, on ne réfléchit, on ne raisonne que pour
« soi, et tout est mort que l'espérance vit encore. »

Si l'on trouve ces consolations insuffisantes, il faut songer que ce sont les seules qu'il soit permis de demander à la philosophie que Buffon avait adoptée. Elles ne sont point d'un ordre très-élevé, mais peut-être, par là même, conviennent-elles mieux au commun des hommes, qui resterait insensible aux nobles consolations qu'une doctrine plus profonde et plus religieuse saurait sans doute lui offrir. En tout cas, il était difficile d'en trouver qui fussent mieux appropriées à l'esprit du XVIIIe siècle. Car le plus sage est de faire oublier la mort, lorsqu'on n'ose rien promettre au delà.

XLI

Par quelle contradiction ce siècle, qui aimait l'humanité d'un amour si ardent et, j'ose le dire, si sincère, a-t-il cru trop souvent travailler au bonheur des hommes, en cherchant à dissiper leurs plus nobles et leurs meilleures espérances?

Faut-il donc penser que la douceur des mœurs, la facilité de la vie, une civilisation délicate et raffinée enchantent l'homme au point de l'empêcher de rêver au moins à une autre destinée? Faut-il que la vie présente soit malheureuse pour qu'il en espère une meilleure après la mort? Je ne sais, mais il me semble que les hommes du XVIIIe siècle étaient trop satisfaits d'eux-mêmes et du temps où ils vivaient. Le sentiment profond de ce qu'il y a d'incomplet, et, pour ainsi dire, d'écourté dans la vie humaine, ce sentiment qui a été l'inspiration principale de la poésie et peut-être de la philosophie de notre temps, ne semble les avoir tourmentés qu'à de rares intervalles. Cette idée de l'*au-delà*, qui préoccupe si souvent les penseurs de notre âge, laissait à peu près indifférents ceux du XVIIIe siècle. Il leur semble que la vie d'un homme de leur temps, est en somme la plus douce que l'on puisse souhaiter. La folie humaine, l'intolérance religieuse, la sottise des ministres, ou plutôt de leurs commis, la troublent bien encore quelquefois, mais ce sont là de légères taches, des restes de la rouille des siècles passés que la philosophie aura bientôt fait disparaître. Il ne faut pas s'y tromper en effet, le grand désir de réforme qui nous frappe tout d'abord dans les philosophes de ce temps ne vient pas de ce qu'ils trouvent la société mal ordonnée dans son ensemble, mais de ce qu'ils veulent l'améliorer dans les détails. Sauf quelques exceptions, ils cherchent plus à perfectionner qu'à renverser. Ils ressemblent tous au Babouc de Voltaire, qui finit par s'accommoder fort bien des abus contre lesquels il avait commencé par tant s'indigner. Ils estiment qu'à tout prendre

il n'a jamais fait si bon vivre. Ils disent bien
souvent du mal de leur siècle, mais au fond ils
n'en croient rien et ne prennent pas leur colère au
sérieux. « O le bon temps que ce siècle de fer ! »
C'est le mot du *mondain*, c'est la devise de son
temps.

XLII

Buffon l'eût acceptée sans peine : comme Voltaire, il admire son siècle ; il aime le luxe et les plaisirs de la civilisation. Il est fier des progrès de l'intelligence, de la douceur des mœurs, des agréments de la vie, de la politesse partout répandue. Il croit au progrès continu de l'humanité ; et il lui promet de longs jours de bonheur et de gloire pour prix de son travail et de sa sagesse. Il en fixe l'âge d'or dans l'avenir et n'a que du mépris pour l'âge d'or que les poëtes ont placé aux premiers jours du monde naissant. « Cet âge où l'homme, inno- « cent comme la colombe, mangeait du gland, bu- « vait de l'eau », ce bonheur naïf, cette innocence achetée au prix de l'ignorance, cette sagesse qui n'est que de l'apathie, cette modération qui vient

de l'engourdissement de l'esprit, « cet idéal d'in-
« nocence, de haute tempérance, d'abstinence en-
« tière de la chair », est sans attrait pour l'âme
ardente et passionnée de Buffon. Il s'indigne que
l'on trouve « plus doux de végéter que de vivre ».
« Peut-on dire de bonne foi, s'écrie-t-il, que cet
« état sauvage mérite nos regrets, que l'homme,
« animal farouche, fut plus digne que l'homme, ci-
« toyen civilisé[1]?» — « L'âge d'or de la morale, ou
« plutôt de la fable, n'était que l'âge de fer de la
« physique et de la vérité. L'homme de ce temps,
« encore à demi sauvage, dispersé, peu nombreux,
« ne sentait pas sa puissance, ne connaissait pas sa
« richesse; le trésor de ses lumières était enfoui;
« il ignorait la force des volontés unies, et ne se
« doutait presque pas que, par la société et par des
« travaux suivis et concertés, il viendrait à bout
« d'imprimer ses idées sur la face entière de l'uni-
« vers. » — Peut-être trouvera-t-on que Buffon se
montre un peu sévère pour des chimères après tout
assez innocentes. Mais il faut songer que ce n'est
point aux poëtes que s'adresse ce grand courroux;

----

[1] L'homme qui réfléchit, avait dit Rousssseau, est un être
dégénéré.

c'est contre les déclamations vaines et funestes de Rousseau, que la droite raison de Buffon s'élève et proteste. On ne peut se méprendre en effet sur l'homme qu'il a en vue, lorsqu'il parle de ces philosophes « austères, sauvages par tempérament... « rehaussant leur orgueil individuel par l'humilia- « tion de l'espèce entière. » Si l'on songe que les rêveries innocentes des poëtes étaient devenues entre les mains de Rousseau une arme dange- reuse, qu'il avait fait un mensonge de ce qui jus- qu'alors n'avait été qu'une fable, on s'expliquera l'indignation de Buffon; et on lui saura gré d'avoir usé, pour combattre le sophisme, d'une force qu'il eût été ridicule de dépenser pour dissiper un beau rêve et faire envoler une idylle.

XLIII

Observons de plus, qu'avec le noble sentiment
que Buffon avait conçu de la grandeur et de la dignité de l'homme, il devait souffrir difficilement
que l'on présentât comme une dégradation, un
avilissement de la nature, les embellissements, les
améliorations de toute sorte que l'humanité y a
apportées par de longs et vaillants efforts. Il trace
un tableau terrible de la nature abandonnée à elle-
même : « La terre surchargée par le poids, sur-
« montée par les débris de ses productions, n'offre,
« au lieu d'une verdure florissante, qu'un espace
« encombré, traversé de vieux arbres chargés de
« plantes parasites, de lichens, d'agarics, fruits im-
« purs de la corruption. Dans toutes les parties
« basses, des eaux mortes et croupissantes, faute

« d'être conduites et dirigées ; des terrains fangeux
« qui, n'étant ni solides, ni liquides, sont inabor-
« dables et demeurent également inutiles aux habi-
« tants de la terre et des eaux ; des marécages qui,
« couverts de plantes aquatiques et fétides, ne nour-
« rissent que des insectes venimeux et servent de
« repaires aux animaux immondes. » L'homme seul
peut rendre la nature agréable et vivante, dessécher
les marais, animer les eaux mortes, détruire par le
fer et le feu ces forêts décrépites, ces herbes dures,
épineuses, entrelacées, qui recouvrent la terre d'une
bourre épaisse et grossière. Par lui, les herbes douces
et salutaires prendront la place des plantes inutiles
et malfaisantes, « du jonc, du nénuphar, dont le
« crapaud composait son venin ». Un gazon doux
et fin recouvrira la terre comme un duvet, « des
« troupeaux d'animaux bondissants fouleront cette
« terre jadis impraticable ; ils y trouveront une
« subsistance abondante, une pâture toujours re-
« naissante. » — L'homme s'en fera des serviteurs
dociles ; le bœuf usera ses forces à sillonner la terre,
à la rajeunir sans cesse par la culture ; ainsi l'homme
se façonnera de ses mains et par son industrie une
nature nouvelle au sein même de l'ancienne.

« Qu'elle est belle cette nature cultivée ! Que par
« les soins de l'homme elle est brillante et pom-
« peusement parée ! Il en fait lui-même le princi-
« pal ornement ; il en est la production la plus
« noble..... Il met au jour par son art tout ce
« qu'elle recélait dans son sein ; ..... les collines
« chargées de vignes et de fruits, leurs sommets
« couronnés d'arbres utiles et de jeunes forêts ; les
« déserts, devenus des cités habitées par un peuple
« immense qui, circulant sans cesse, se répand de
« ces centres jusqu'aux extrémités ; des routes ou-
« vertes et fréquentes, des communications éta-
« blies partout comme autant de témoins de la
« force et de l'union de la société ; mille autres mo-
« numents de puissance et de gloire démontrent
« assez que l'homme, maître du domaine de la
« terre, en a changé, renouvelé la surface entière,
« et que de tout temps il en partage l'empire avec
« la nature. »

XLIV

Pourquoi faut-il que les sentiments de l'homme répondent si mal à cette noblesse d'intelligence qui l'a fait le roi du monde ? Pourquoi tant de deshérités dans ce patrimoine dont tous les hommes devraient jouir en frères ? C'est assurément une loi nécessaire, et c'est peut-être un bienfait de la Providence, que le bonheur et la richesse soient inégalement répartis ; mais pourquoi la jalousie des uns, et plus encore l'orgueil des autres aggravent-ils inutilement des inégalités inévitables ? Pourquoi chez les grands tant de dédain des petits, et une si coupable négligence à rechercher les moyens d'améliorer leur sort ? Ce sera l'éternel honneur du XVIIIe siècle d'avoir appelé l'attention sur ces questions douloureuses, et d'en avoir proposé des solutions, fausses à la vérité, mais qui témoignent pourtant d'un véritable amour des hommes. Buffon est bien de son temps par l'émotion généreuse avec laquelle il proteste contre la misère imméritée et contre l'esclavage. On lui sait gré de s'attendrir sur le sort des paysans. « Courbés sur la charrue, « ne tirant de la terre que du pain noir, et obligés « de céder à d'autres la fleur, la substance de leur « grain ; c'est par eux, et ce n'est pas pour eux, que « les. moissons sont abondantes. » On applaudit aux nobles paroles par lesquelles il condamne l'esclavage, et vient, pour ainsi dire, comme un témoin, déposer au nom de la science en faveur de l'humanité outragée. « Ils ont le cœur excellent, « ils ont le germe de toutes les vertus. Je ne puis « écrire leur histoire sans m'attendrir sur leur état. « Ne sont-ils pas assez malheureux d'être réduits à « la servitude, d'être obligés de toujours travailler, « sans jamais rien acquérir? Faut-il encore les « excéder, les frapper et les traiter comme des ani- « maux? L'humanité se révolte contre ces traite- « ments odieux, que l'avidité du gain a mis en « usage, et qu'elle renouvellerait peut-être tous les « jours, si nos lois n'avaient pas mis un frein à la

« brutalité des maîtres et resserré les limites de la
« misère de leurs esclaves. » L'on trouvera sans
doute que ce sont là de vrais lieux communs. J'en
conviens sans peine, et j'ajoute que c'est la plus
belle gloire des grands esprits qui ont imprimé ces
vérités dans tous les esprits avec tant de force,
qu'il semble aujourd'hui fastidieux de les entendre
et ridicule de les répéter. C'est le sort des vérités
morales les plus nobles, de demeurer pour ainsi
dire ensevelies dans leur triomphe et de ne paraître
plus que de vaines redites aux âmes sur lesquelles
elles règnent désormais sans partage. Leur lumière
est comme celle du soleil, on n'y prend plus garde
à force d'en être tous les jours éclairé. Plût à Dieu
que ce fût là le sort de tant d'autres vérités mille
fois proclamées et mille fois méconnues! Plût à
Dieu, par exemple, que l'on jugeât désormais sans
usage les belles pages où Buffon s'indigne contre
les folies sanglantes de la guerre, et s'étonne de
l'aveugle fureur avec laquelle l'homme « renonce
« aux sentiments d'humanité, tourne toutes ses
« forces contre lui-même..... Et après ces jours de
« sang et de carnage, lorsque la fumée de la gloire
« s'est dissipée, il voit d'un œil triste la terre dé-

« vastée, les arts ensevelis, les nations dispersées,
« les peuples affaiblis, son propre bonheur ruiné
« et sa puissance réelle anéantie. » Malheureusement, il s'en faut bien que ce soient là de vaines
déclamations, et, pour comble de misère, beaucoup
de peuples en sont réduits à n'oser plus même
souhaiter la continuité de cette paix tant désirée.
Les intérêts de leur juste grandeur, de leur pros-
périté, de leur honneur même leur prescrivent
d'ajourner à un avenir lointain leurs espérances de
paix et de bonheur. Longtemps encore pourra s'é-
lever de la terre vers le ciel cette belle prière que la
vue des maux de la guerre inspire à l'âme trop
rarement émue et religieuse de Buffon : « Grand
« Dieu! dont la seule présence soutient la nature
« et maintient l'harmonie des lois de l'univers.....
« rendez, rendez enfin le calme à la terre agitée!
« qu'elle soit dans le silence! qu'à votre voix la
« discorde et la guerre cessent de faire retentir
« leurs clameurs orgueilleuses! Dieu de bonté,
« auteur de tous les êtres, vos regards paternels
« embrassent tous les objets de la création; mais
« l'homme est votre être de choix; vous avez
« éclairé son âme d'un rayon de votre lumière im-

« mortelle ; comblez vos bienfaits en pénétrant son
« cœur d'un trait de votre amour..... L'homme
« ne craindra plus l'aspect de l'homme ; le fer ho-
« micide n'armera plus sa main ; le feu dévorant
« de la guerre ne fera plus tarir la source des géné-
« rations. L'espèce humaine, maintenant affaiblie,
« mutilée, moissonnée dans sa fleur, germera de
« nouveau et se multipliera sans nombre. La na-
« ture, accablée sous le poids des fléaux, stérile,
« abandonnée, reprendra bientôt avec une nouvelle
« vie son ancienne fécondité ; et nous, Dieu bien-
« faiteur, nous la seconderons, nous la cultive-
« rons, nous l'observerons sans cesse, pour vous
« offrir à chaque instant un nouveau tribut de
« reconnaissance et d'admiration. »

FIN.

APPENDICE

———

Les notes qui suivent donnent les idées générales et laissent entrevoir le canevas du chapitre que Michaut n'a pas eu le temps de composer sur le talent d'écrivain en même temps que sur le Discours sur le Style, *de Buffon.*

Style. — Dans sa théorie, il néglige le bonheur du premier jet, la verve, les voies diverses. Il fait l'apothéose de son style, en donne la théorie. Il a pour type son propre talent. Le XVIIe *siècle ne craignait pas les termes généraux. Scrupules pour les termes généraux chez Mme Necker. La langue recommande d'éviter les mots bas. Boileau, même remarque. Tour noble, phrase abondante et longue, pompe appropriée à son sujet.*

On est tenté de croire que les qualités éminentes sont les qualités uniques. On ne trouve point chez lui cette verdeur première..... Grâce singulière à ne pas tout dire, à laisser deviner. Comparaison avec Pline.

On lui a fait tort d'en détacher des fragments. Ensemble admirable.

La suppression du style est la perfection du style.

Souvent clarté et simplicité persuasives. Il fond les faits et les théories. Il a l'harmonie qui vient de l'analogie des idées et des sons. Abondance dans les choses plus que dans les mots. N'est pas emphatique. Peu d'expressions vives. Plénitude du courant. Grâces légères.

Simplicité de sa correspondance.

Scrupules qui polissent la langue en l'affaiblissant.

Les nuances, preuve de maturité et de talent.

Il ne peut écrire sur des sujets de peu d'importance.

Il rajeunit d'anciennes métaphores. Excelle dans les gradations riches.

Se plaît aux redoublements d'épithètes. Excelle dans les contrastes.

Répétitions qui donnent du nombre. Petites phrases coupées interrompant les périodes. Il approche des anciens par l'harmonie.

Il reprend la même pensée sans l'affaiblir.

Peu de détails remarquables. Une imagination d'ensemble.

De petites réflexions. Observations qui donnent un air de vérité. Descriptions simples.

Symétrie dans les mots répondant à la symétrie dans les choses.

Peu d'expressions neuves. Art de rendre les nuances.

Il varie ses peintures par la description du pays.

Mélanges de vérités générales et de faits particuliers.

Arrive au sublime par les détails accumulés. Il intervient par des exclamations. Il se plaît aux rapprochements longtemps poursuivis.

L'on ne remarque point les repos de son imagination.

Il n'étonne pas l'imagination, mais la fixe.

Il calcule tous ses pas pour les affermir.

Art de voiler les vérités délicates.

Il voile les secrets de la pudeur.

L'abondance n'ôte rien à la clarté. Art de choisir les circonstances et l'ordre.

On n'est pas trop long quand on ne dit rien de trop.

Une certaine fleur de naturel lui manque. Second âge.

Correction de l'emphase de Buffon. Chez lui on voit l'intention et l'effort. On voit qu'il travaille et compose ses phrases. Il manque de la grâce délicate et poétique.

Il montre lui-même que le style fait la gloire durable.

TABLE DES MATIÈRES

Nancy, imprimerie Berger-Levrault et Cie.

9 782329 054582